$$\boxed{24H}$$

紐 約 漫 旅

New York *guide*

Perfect trip for beginners & repeaters.

瑞昇文化

ENJOY, YOUR TRAVEL!

化身成為紐約客。

象徵世界之自由的自由女神、高聳的摩天大樓、熱門餐廳以及商店、
還有數也數不完的娛樂活動⋯⋯紐約就是這麼一個瞬息萬變、總是在
改頭換面的城市。

紐約是美國最大的大都市，不僅住著來自全球各地的多彩多姿民族，
這些人的「夢想」、「憧憬」和「能量」也都滿溢在這座城裡。

腳步快速又神采奕奕的紐約客、此起彼落的計程車喇叭聲、大白天開
始就光彩奪目的霓虹燈，或許你在一開始的時候，會對這些無比熱鬧
的事物感到迷惘，但也只有一開始的時候。當你實際走在街上，肯定
會產生一股彷彿自己曾經造訪此地的懷舊情懷，以及不可思議的雀
躍。如果你已經有這種感覺，那麼就要說聲恭喜，因為你的心境已經
完全是個紐約客了。

各位想不想去一趟紐約，好好體會一下這種感覺呢？

24H *New York guide* CONTENTS

Afternoon (14:00-18:00)

084 在購物天堂14號街的3小時巡禮
086 必去的美術館＆博物館照過來
088 鞋店HIGH & LOW
090 購買雜貨＆文具用品的4 BEST SHOPS
092 讓人想拍照上傳分享的NY甜點
094 在特色書店尋找伴手禮
096 想度過悠閒午後就來這裡！
098 沉浸在複合式咖啡廳的美好時光
100 在NY就是要吃甜甜圈
102 愛不釋手的食品伴手禮
104 NY化妝品BRAND LIST
106 馬克杯＆托特包就選這些
108 想嚐SWEETS回去，選Bean to Bar就對了
110 WE♡NYC'S BEST HITS Cheese Cake
111 WE♡NYC'S BEST HITS Cup Cake
112 WE♡NYC'S BEST HITS Baked goods
113 WE♡NYC'S BEST HITS Matcha
114 Afternoon Tips

Night (18:00-21:00)

118 前往高空酒吧
120 夏天活力十足、冬天羅曼蒂克
122 必看的11部精選作品
126 為什麼你該去Target看看
128 WE♡NYC'S BEST HITS Under $30
130 WE♡NYC'S BEST HITS Under $20, $10
132 Night Tips

Late Night (21:00-00:00)

136 觀賞變裝皇后秀
　　體會不同面貌的夜晚NY
138 在Metrograph裡度過寧靜時光
140 必須劃重點的深夜餐廳＆咖啡廳
142 在DR購買便宜又可愛的items
144 1Late Night Tips

Morning (6:00-11:00)

014 第一站，先去和自由女神見面吧
016 大快朵頤電視上介紹的貝果
018 到喜愛的烘焙坊來一份簡單快速的早餐
020 逛逛聯合廣場的Greenmarket
022 一早就逛完主要觀光景點！
024 只要有Whole Foods超市，萬事都OK！
028 在CENTURY21百貨瘋狂採買高級品牌!!!!!!
030 大都會藝術博物館的參觀方式
032 到超夯的Five Leaves享受美食！
034 吃頓第凡內早餐吧！
036 WE♡NYC'S BEST HITS Pancake
038 WE♡NYC'S BEST HITS Eggs
039 WE♡NYC'S BEST HITS Other Breakfast
040 WE♡NYC'S BEST HITS Coffee
041 WE♡NYC'S BEST HITS Tea
042 Morning Tips

Midday (11:00-14:00)

046 3大地標要趁早參觀！
048 季節限定的樂趣，在Smorgasburg市集大吃特吃！
050 喜愛的美式調調品牌
052 在美食廳吃午餐必須鎖定稍早的時段！
054 要吃高級餐廳就選在Lunch Time！
056 造訪Russ & Daughters
058 想找超便宜、超好吃FOOD就到唐人街
060 午餐CP值破表的3間超棒餐廳
064 中央公園的最佳觀光路線走這裡！
066 牛排王國NY的必吃熟成肉BEST 3
068 要找NY式的禮物就來這
070 目光離不開 "Andrew Tarlow"！
072 每一件都好看！二手服飾選貨店
074 逛逛女孩們夢寐以求的Henri Bendel
076 WE♡NYC'S BEST HITS Hamburger
077 WE♡NYC'S BEST HITS Hot dog
078 WE♡NYC'S BEST HITS French Fries
079 WE♡NYC'S BEST HITS Quick Bites
080 Midday Tips

STAY NEW YORK

164 好想住一次看看的
人氣設計HOTELS
166 控制預算 4間高CP值HOTELS
167 復古中帶有時尚感是現今潮流！
布魯克林首選旅館

006 Welcome to New York City!
008 4 Days Perfect Planning

168 TRAVEL INFORMATION
172 紐約地下鐵路線圖
172 MAP
186 INDEX

BROOKLYN LIKE A LOCAL

148 Dumbo
152 Williamsburg
156 Greenpoint
158 Bushwick
160 Red Hook
162 Brooklyn Tips

閱讀本書之前
閱讀資訊的方式

☎ = 電話號碼　　🏠 = 地址
⊙ = 營業時間　營業為開店～打烊時間，設施為最後入場、入館時間，
閉館時間，有時實際營業時間會比書中標示還早結束，請務必注意
🔒 = 公休日　原則上會標示節日和過年等等期間之外的公休日。若無公休日的情況
則不會標示🔒。但無公休日的店家除了節慶之外，也可能會不定期
公休，這方面還請各位讀者包涵。
$ = 費用　入場和入館若需收取費用，則表示成人的費用。
♀ = 交通　標示交通方式以及自出發地點前往該地的所需時間。
URL = 網址
MAP P.00A-0　標示此地點在地圖上的位置

★本書刊載內容為截至2018年9月的資訊。★實際情形可能會在本書出版後有所變更。使用本書時請務必再次確認實際狀況。
★書中介紹的商品有可能現今售完、或是價格變動。另外，機構收取的費用、營業時間、公休日、菜單等資料也可能會改變，
請各位出門之前務必自行確認現況。
★若因本書內容造成利益受損，恕敝出版社無法負責，敬請見諒。

Hello!!
Welcome to New York City!

歡迎來到世界上最令人興奮的城市！

紐約又有「不夜城」之名，是個名符其實，可以讓人狂歡24小時的城市，令人心情澎湃的場所目不暇給。而且紐約在美食、衣著時尚、文化各方面都領先全球。現在，就讓我們一起探究這座充滿能量的城市魅力究竟何在吧！

飛行時間

台灣 → 紐約

約 **15** 小時

紐約 → 台灣

約 **16** 小時

紐約到底是什麼樣的地方？

所謂的紐約，就是位於美國紐約州的紐約市，由曼哈頓、布魯克林、皇后、布朗克斯、史坦頓島5區組成，為美國最大的城市，也是全球的商業、金融、文化中心。本書主要挑出其中觀光客最多的曼哈頓、布魯克林兩區來介紹。

時差

-13 小時

3月第2個星期天～11月第1個星期天為美國的日光節約時間實施期間，因此會變成慢12小時。比方說台灣若是上午8點，紐約就是前一天的晚上7點（日光節約時間實施期間則為晚上8點）。

主要交通手段

地下鐵
串聯曼哈頓、皇后、布魯克林三區東南西北。24小時皆有班次。

公車
分成東西向、南北向的路線。24小時皆有班次。

計程車
里程計費。黃色車體十分好認。

匯率

$1=30.86
新台幣

紐約（美國）的通用貨幣為美元。大多商家都可以刷信用卡（→P.168）。建議帶幾張$1紙鈔在身上，付小費時使用。

物價水準

水（500ml寶特瓶裝）
$2
咖啡 $2起跳
漢堡 $5起跳
計程車基本車資 $2.50

月均溫

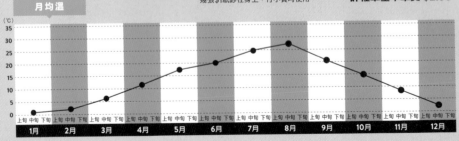

众多觀光名勝
聚集的
紐約市中心

Manhattan

移民繁多，混雜
了100種以上語
言的區域

Queens

1

2 4

3

5

6

7

8 9

10 11

12

堪稱
一大地標的
帝國大廈

住著許多藝術家的
時尚潮流區域
吸引了全球目光

不只是紐約，
更是美國的象徵
自由女神

Brooklyn

小知識

**曼哈頓的地理
有一套規則可循！**

曼哈頓的道路分成東西向的「街
（Street）」以及南北向的「大
道（Avenue）」，如棋盤格般
縱橫交錯。街的號碼由南向北遞
增、大道的號碼則是由東向西遞
增。只要理解這項簡單的規則，
相信一定能幫助你以更順暢的步
調，享受漫步紐約的樂趣。

曼哈頓區中的區域

1 Harlem

2 Upper West Side

3 Upper East Side

4 Central Park

5 Midtown

6 Chelsea

7 Gramercy

8 Greenwich Village

9 East Village

10 Tribeca, SoHo &
   Chinatown

11 Lower East Side

12 Lower Manhattan

五天三夜也能超滿足！ 享受紐約的最棒方式。

4 Days Perfect Planning

又想吃好吃的、又想買好買的……紐約旅行就是讓人
這個也想要、那個也想要。在短時間內盡情享樂的計畫，看過來就對了！

Planning:

Day1

❝第 一 天 就 以 曼 哈 頓
為 中 心 ， 享 受
美 食 & 購 物 的 樂 趣 ♡❞

搭乘上午的班機，抵達紐約時差不多會是當地
中午時段。將行李放到住的地方後，先到感覺
比較輕鬆的咖啡廳或餐廳簡單吃份午餐。接著
就直接衝去血拼一波！觸目所及都是可愛的東
西，讓人一下子便情緒高漲了起來。晚餐早一
點吃，就能夠早一點欣賞曼哈頓美麗的夜景
囉。

11:00	在美食廳用午餐or早午餐	→P.52
14:00	在可愛的商店購物	→P.90
18:00	迅速地吃頓晚餐	→P.128
19:00	欣賞NY夜景	→P.118

Planning:
Day2

❝早點起床
先去和自由女神見面吧！
吃遍人氣美食、
逛遍知名景點❞

短期旅行的攻略法，就是第2天要早點開始行程。跟自由女神打過招呼後，就直接來去血拼以及早早吃頓午餐。在聚集各種光鮮亮麗店家的第5大道，享受完當個名媛的感覺，再去觀賞藝術品怎麼樣？也別漏了晚間的音樂劇喔。沉浸在音樂劇的餘韻中，同時也來份好吃的甜點吧！

06:00	前往自由女神像Go！	→P.14
09:00	到折扣零售店買買買	→P.28
11:00	在高級餐廳吃頓悠閒的午餐	→P.54
13:00	第5大道觀光＆購物	→P.74
14:00	到美術館觀賞藝術品	→P.30, 86
15:30	享用美國的甜點	→P.100
16:30	到Strand書店購買伴手禮！	→P.94
20:00	觀賞扣人心弦的音樂劇	→P.122
00:00	來份深夜的甜點結束一天♡	→P.140

Day3 *Planning*

09:00	在Five Leaves享用早餐	→P.32
10:00	威廉斯堡購物行程	→P.152
12:00	到Peter Luger吃個漢堡	→P.67
13:00	漫步綠點區	→P.156
15:00	在小巧的咖啡廳裡稍作休憩	→P.96
19:00	回到曼哈頓享受爵士樂	→P.132

❝搭 地 下 鐵 馬 上 到 ，
在 時 下 最 夯 的 布 魯 克 林
過 上 身 心 放 鬆 的 1 整 天❞

第3天就到布魯克林。因為布魯克林的店面整
體開業時間都較晚，所以早餐就慢慢吃吧。吃
著早餐、看著路上的行人，心情整個紐約客了
起來！信步而遊，找找可愛的商店、買買伴手
禮、在咖啡廳坐下來稍作休息，一整天就這麼
悠閒地度過。

010

Planning:
Last Day

"回國日上午也是行程滿檔！
大買特買之後
對著摩天大樓說聲「下次見！」"

08：00 吃吃貝果	→P.16
09：00 前往Whole Foods超市GO!	→P.24
11：00 中央公園	→P.64

轉眼之間就來到旅程的最後一天。早起吃個貝果（也別忘了多外帶一份走），就前往Whole Foods超市進行最後一波的瘋狂採購！買完伴手禮後，趕緊前往中央公園。望著摩天大樓、大口大口將空氣吸進肺裡，用全身感受紐約的氣息。如果還有些依依不捨，就留到下次再好好享受吧！

New York the best time

IN THE

Morning

06:00 - 11:00

稍微早點起床,讓1天的開始從咖啡廳或貝果店展開。喝著店家用心沖泡的咖啡,思考當天的行程計畫。感受早晨清新的空氣,讓身心完全清醒過來!那麼,要從哪裡開始趴趴走呢?

Best time 06:00

史坦頓島渡輪能免費搭乘真是太棒了！

第一站，先去和*自由女神*見面吧

搭乘免費渡輪
向女神打聲招呼！

講到NY，一定得提自由女神像。怎麼可以不去看看她就回國呢！雖然有很多方法可以看見自由女神像，不過如果想清楚瞻仰她的尊容的話，建議可以搭乘前往史坦頓島的渡輪。這艘渡輪是島上居民跟曼哈頓之間通勤、上學時所使用的大眾運輸工具，不僅終年免費，還24小時全年無休，所以就算「因為時差關係太早起床，害我現在閒得發慌！」也還有搭乘渡輪的選擇。

早上及傍晚的通勤尖峰時段，渡輪班次約15分鐘一班，其餘時間則是30分鐘一班，坐到史坦頓島單趟約25分鐘。航程途中，從航行方向的右邊甲板上可以看到自由女神像的正面。當然，想跟女神拍張合照的時間也是綽綽有餘的！史坦頓島基本上都是住宅

另外，回到曼哈頓時雖然也會經過自由女神像前，但就航線來說，去程會比較靠近自由女神像，所以要拍照的話盡量在去程的時候拍比較合適。回程時推薦各位搶好前方甲板的位置，這麼一來，就可以觀賞到曼哈頓的摩天大樓氣勢磅礡地迫近的景象。

（註：該計畫後來因故暫停，截至2019年末尚未有新一步的訊息發表。）

區，不過原先預計2018年開放的世界最大摩天輪「New York Wheel」以及預計開幕的大型購物中心，使得該區現在也吸引了眾人的目光。據說摩天輪的高度相當於60層樓的大樓，從摩天輪上能看到什麼姿態的自由女神呢？這點也很教人期待呀～。

Check!

想登上自由女神像所在島嶼的人

Statue Cruises
自由女神像渡輪

自由女神像聳立在自由島（Liberty Island）上，想登陸的唯一方法就是搭乘這艘渡輪。成人票價$18.50。想進入皇冠參觀的話則要加$3，並且必須事先預約。（詳情請上：www.statuecruises.com）
MAP P.175 C-5 🏰Castle Clinton National Monument（Battery Park）⊙出發8:30～17:00（冬季為9:30～15:30）地下鐵搭乘4、5線到Bowling Green站後步行約4分鐘

Staten Island Ferry
史坦頓島渡輪

免費搭乘的公共渡輪
曼哈頓與史坦頓島間單趟航程需25分鐘，船內設有小店可購買啤酒等飲食，Wi-Fi設施也很完善。班次表請上www.siferry.com查詢。
MAP P.174 D-5 🏰4 South St.（Whitehall Terminal）⊙24小時營運 📍地下鐵搭乘1線到South Ferry站後步行約2分鐘

★ ★ ★ 自由女神像渡輪也會經過移民歷史博物館所在的埃利斯島。

抵達島後全部乘客下船。之後搭乘其他
船隻回到曼哈頓。

搶下2樓或3樓的右側甲板位置。可以
看見自由女神像的正面。

由於免費，不須事先
申請。只要發船時間
上船就可以了。

渡輪會從曼哈頓南邊的
Whitehall Terminal出
航。

MEET THE STATUE OF LIBERTY
FROM STATEN ISLAND FERRY

 這些渡輪
也很方便

▶ *NYC Ferry*
連接NY市4個區的新渡輪，單程票價$2.75。

▶ *NY Waterway Ferry*
連接曼哈頓以及紐澤西州。

▶ *Circle Line*
帶你走訪各種地標的多采多姿巡航之旅。

令人耳目一新的可愛
彩虹貝果,抹上甜～
甜的抹醬!

Best time
7:00

紐約客的經典早餐!

大快朵頤 電視上介紹的貝果

C *Baz Bagel & Restaurant*

經典
配菜系

懷舊感十足的專賣店

這間店的魅力在於給人一種老舊美式餐館的氣氛。貝果就在後頭的工作坊製作,顧客可以在店內享用到現做的貝果。

MAP P.176 D-3小義大利
☎212-335-0609 🏠181 Grand St.
(bet. Baxter & Mulberry Sts.)
◷7:00～15:00(週六&日8:00～16:00)
📍地下鐵搭乘J、Z線到Canal St站後步行約4分鐘

1 鹽漬鮭魚(煙燻鮭魚+鮮奶油起司)$14。
2 散發出可愛的氛圍。
3 根本就是老美式餐館。

B *Murray's Bagels*

Q彈
口感系

傳統手揉貝果

不分年齡層,深受在地人喜愛的專賣店。每1個$1.25的貝果都是在地下的工作坊以純手工製作的。

MAP P.179 C-4雀兒喜
☎212-462-2830 🏠500 6th Ave.
(bet. 12th & 13th Sts.)
◷6:00～21:00(週六&日～20:00)
📍地下鐵搭乘F、M線到14 St站後步行約3分鐘

1 肉桂葡萄乾+鮮奶油起司$3.25～。
2 深藍色的招牌很好找。
3 也有賣鹹香三明治。

A *Black Seed Bagels*

蒙特
婁系

討論度超高的蒙特婁貝果

跟NY式貝果比起來稍小,可以享用到甜度較高的口味。繽紛的色彩、獨特的配料組合使其大受歡迎。

MAP P.176 D-3諾麗塔
☎212-730-1950 🏠170 Elizabeth St.
(bet. Spring & Kenmare Sts.)
◷7:00～18:00
📍地下鐵搭乘J、Z線到Bowery站後步行約3分鐘

1 牛奶+蜂蜜$6。
2 東村分店外觀。
3 店內鋪設磁磚。

讓人想一吃再吃的道地NY貝果!

貝果可以讓人親近NY的飲食文化,原本是東歐裔移民傳入的一種簡易圓球狀麵包,由麵粉、水、酵母和麥芽(有些店鋪會使用砂糖和蜂蜜)製作而成。煮過後再將表面烤得酥脆,大口咬下,內部既Q彈又鬆軟的口感是NY貝果的特色,跟在日本吃到的貝果截然不同。紐約的貝果店處處可見,但近期推薦的有4間。剛出爐的貝果,簡單夾起奶油或奶油起司吃是不錯,不過放上豐富配料的貝果也很推薦。希望各位在停留NY期間,可於早、午餐、點心等各種時段,多多嘗試不同的貝果!

LOVE BAGLE

SPIDER MAN

BAGEL ART $3.95

Limited Time!!

"Halloween"

Bagel Art

ICORN

$3.95

The original

Bedazzled rainbow

Bagel art $4.25

COTTON CANDY

BAGEL ART $3.95

SE SPINACH PARMESAN

FRENCH TOAST

CRAGEL ART $3.95

CINNAMON

CRAGEL ART $3.95

D *The Bagel Store* 甜點系

※2019年已歇業

打破常識的彩虹貝果

色彩繽紛的貝果，最適合上傳到Insta-
gram上分享給大家。雖然外觀鮮艷，但絕
對是如假包換的貝果，口味則像是口香糖。
加上棉花糖的貝果，非常適合當點心吃！

MAP P.184 F-3 威廉斯堡〔布魯克林〕
☎718-782-5856 ♠754 Metropolitan Ave.
（bet. Humboldt St. & Graham Ave.）
🕖7:00〜18:00
📍地下鐵搭乘L線到Graham Av站後步行約1分鐘

好像跟日本不太一樣!? 享受NY特色

到喜愛的烘焙坊 來一份
簡 單 快 速 的 早 餐

請大家嚐嚐看
剛出爐的麵包♪

OPEN
AM **08:00**- 〔可內用〕

B *Saraghina Bakery*

內行人才知道的好店

推薦大家嚐嚐他們堅持傳統手法
與食材,長時間發酵製作的有機
麵包。這間店裡頭還開了間味道
不錯的披薩餐廳。

MAP P.173 C-4
貝德福德-斯泰弗森特〔布魯克林〕
☎718-574-5500 ☗433 Halsey
St.(near Lewis Ave.)◎8:00~
20:00 ♀地下鐵搭乘C線到
Kingston-Throop Avs站後步行約
11分鐘

OPEN
AM **08:00**- 〔不提供內用〕

A *Birdbath Bakery*

老字號烘焙坊店面再利用

這間店的麵包,其主題概念為環
保和永續性,不僅有機,更堅持
使用當地食材。紐約市內共有7
間分店。

MAP P.177 C-2 蘇活
☎646-556-7720 ☗160 Prince
St.(bet. Thompson St. & W. Bro
adway)◎8:00~20:00(週六
9:00~、週日9:00~19:00)♀地
下鐵搭乘C、E線到Spring St站後
行約4分鐘
※2019年已歇業

**價格也親民
簡簡單單的早餐**

雖然到餐廳吃頓正式的早
餐也不賴,但街上烘焙坊賣
的麵包跟糕點也是一項很棒
的選擇!在紐約,你不僅能
以合理的價格,簡單吃到各
有特色的麵包,而且這幾年
烘焙坊提供的咖啡水準也越
來越高。一手拿著熱騰騰的
咖啡,豪邁咬下一口麵包,
感覺就像當地人一樣,真是
棒呆了。

---

1 燕麥葡萄乾餅乾$4。**A** 2 高人氣杏仁可頌$4。**F** 3 口感獨特的德國結可頌$3.75。**A** 4 風味濃厚的馬鈴薯披薩$3.75。**D** 5 義大利傳統炸甜甜圈Bombolone $3。**D** 6 厚度驚人的巧克力豆餅乾$3.75。**E** 7 清爽的檸檬磅蛋糕$3。**E**

滿滿的水果
令人食指大動！！

C

來塊剛出爐的
酥脆司康

B

B

A

C

160・VESUVIO BAKERY・160

OPEN
AM **08:00**-
可內用

F *Arcade Bakery*

隱身於大樓中的知名烘焙坊

隱身於翠貝卡辦公大樓之中的烘焙坊。超好吃的可頌讓人一買再買。

MAP P.177 C-5 曼哈頓下城
☎212-227-7895 ⚲220 Church St.（bet. Thomas & Worth Sts.）
◎8:00～16:00 ⚲週六&日 ⚲地下鐵搭乘1、2、3線到Chambers St站後步行約4分鐘
※2019年已歇業

OPEN
AM **08:00**-
不提供內用

E *Levain Bakery*

要找最棒的餅乾就來這邊！

總是大排長龍的大熱門烘焙坊。顧客的目標就是厚得嚇人的巧克力豆餅乾。布里歐許（Brioche）也很好吃。

MAP P.183 A-1 上西城
☎212-874-6080 ⚲167 W. 74th St.（bet. Columbus & Amsterdam Aves.）◎8:00～19:00（週日9:00～）⚲地下鐵搭乘1、2、3線到72 St站後步行約7分鐘

OPEN
AM **07:30**-
可內用

D *Sullivan Street Bakery*

足以比下飯店與餐廳的名店

「免揉麵包」之父Jim Lahey的店。不使用起司的披薩堪稱一絕。裡頭賣的麵包每一個吃起來都非常有飽足感。

MAP P.179 B-1 雀兒喜
☎212-929-5900 ⚲236 9th Ave.（bet. 24th & 25th Sts.）◎7:30～16:00（週五～週日～18:00）⚲地下鐵搭乘C、E線到23 St站後步行約4分鐘

OPEN
AM **07:00**-
可內用

C *Blue Sky Bakery*

享受滿滿水果的馬芬

輕甜口味的馬芬十分熱門。外表乍看之下很普通，可是一掰開，裡頭塞了滿滿的水果！推薦給喜歡水果的朋友。

MAP P.173 B-4
公園坡〔布魯克林〕
☎718-783-4123 ⚲53 5th Ave.（bet. St. Marks Ave. & Bergen St.）◎7:00～14:00 ⚲地下鐵搭乘2、3線到Bergen St站後步行約2分鐘

待會還要去
做瑜珈呢

Best time
08:00

一週4天的樂趣

逛逛聯合廣場的 Greenmarket

公園周邊圍繞著
各式各樣的攤販

17th St.

Broadway

Toilet

Mohandas
Gandhi Statue

Union Square S.

George Washington
Statue

14th St.

Ⓜ

14 St-Union Square

Union Square
Greenmarket

聯合廣場Greenmarket

MAP P.178 D-3 聯合廣場 E. 17th St. & Union Square W. ☎212-788-7476 ⊙週一、三、五、六 8:00~18:00 週二、四、日 地下鐵搭乘4、5、6、L、N、Q、R、W線到14 St-Union Sq站後步行約3分鐘

抱著紐約客的心態
造訪知名景點

在聯合廣場，有個每週一、三、五、六才開放的農夫市集Greenmar-ket，可以直接向NY郊外以及鄰近地區的農民購買當季的農產品。

紐約跟日本一樣，也有四季之分，因此不同季節可以採到不一樣的蔬菜和水果。市集也跟許多餐飲帳篷合作，結合這些嚴選食材，製作麵包和品。

餅乾、販賣蜂蜜以及楓糖漿等。光是看著這些五顏六色的可愛蔬果，心情都雀躍了起來！來逛市集的紐約客之中，也很多人是出來慢跑、或是帶狗散步時順便進來逛逛的，整體氛圍非常的閒適。手拿當地名產──蘋果酒，穿梭市集之間，讓自己浸潤在放鬆的空氣之中，彷彿自己也完全融入了紐約，真是太不可思議了。

★ ★ ★ 有時還能目睹明星主廚親自來採購的身影喔！

Meet Fresh Local Food

一定要嚐嚐看
復古番茄！

可以製作
炒青菜，也可以
做成**沙拉**！

天然的味道
尚好～♥

11　未經品種改良過的原生種番茄。　　　　有很多日本看不到的蔬菜！　　　　RED JACKET的果汁。

非籠養雞生的
蛋可安心食用

週三跟週六
才擺攤的
Andrew's Honey

挑哪個好呢～

還買得到新鮮雞蛋。　　　　在市內屋頂上的養殖蜜蜂所製造的蜂蜜。　　　　拿著錢包挑菜可是日常景象。

所有商品
都是秤重賣，
少量也OK

色彩繽紛的
甜桃♪

大家
有說有笑的

攤販數量傲視市內群雄。　　　　買顆水果走吧！　　　　也有些攤子是特定星期幾才會出現。

在公園裡休息
也很舒服

上傳照片
分享給
大家看吧！

歡迎**試吃**
看看喔！

果汁跟餅乾當場解決。　　　　上午的商品種類比較齊全。　　　　老字號果醬店Beth's Farm Kitchen。

氣
。
行
動
，
享
受
早
上
限
定
的
Ｎ
Ｙ
氣

比
較
少
，
還
可
以
混
進
當
地
人
的

不
僅
主
要
觀
光
景
點
的
觀
光
人
潮

且
早
上
去
也
有
早
上
去
的
魅
力
，

定
要
從
一
早
就
開
始
動
起
來
！
而

大
堆
。
為
了
有
效
利
用
時
間
，
一

到
Ｎ
Ｙ
旅
行
，
想
做
的
事
情
一

抱著紐約客的心態
必去景點逛好逛滿

Best time

08:30

感受早晨的NY，四處走走。

一早就逛完
主要觀光景點！

[**布魯克林大橋**] ✕ **一步接著一步走**

[**時代廣場**] ✕ **最適合拍照打卡的好所在**

Brooklyn Bridge
布魯克林大橋

電影中也常出現的景象

1883年開通的全美最老吊橋之一，經常在電影與繪畫中出現，象徵著這個場景就在紐約。其特徵為帶有藝術美感的鋼纜。
MAP P.185 B-1 丹波〔布魯克林〕
自曼哈頓：♥地下鐵搭乘4、5、6線到Brooklyn Bridge-City Hall站後步行約1分鐘　自布魯克林：♥地下鐵搭乘A、C線到High St站後步行約8分鐘

鋼纜後頭可以看見摩天大樓林立。世界貿易中心一號大樓就在眼前！

Times Square
時代廣場

娛樂中心地帶

1天超過30萬人次造訪的世界級觀光景點。周圍的劇院區充滿了音樂劇招牌和企業廣告，許多店家都會營業到深夜。
MAP P.181 C-2 曼哈頓中城
⌂42nd St.（at Broadway）
♥地下鐵搭乘1、2、3、7、N、Q、R、S、W線到Times Sq-42 St站後步行約1分鐘

★ ★ ★ 橫渡布魯克林大橋後，位於丹波地區的布魯克林大橋公園就近在咫尺！

022

首先就前往必逛的時代廣場吧！在販賣折扣票券的TKTS後頭有座階梯，走上去就能拍下劇院區的全貌。

在此也非常推薦大家橫渡布魯克林大橋。從曼哈頓走到對岸的丹波單趟大約30分鐘，保證各位能走上一趟痛快十足的路程。

世界經濟的中心──華爾街，一定要在早上去！看到一早上班的金融業從業人員個個精神抖擻，令人也渾身是勁。

連接肉品加工區（Meat-packing District）跟中城區的空中公園High Line，早上的話感覺更舒服。從一邊走到另一邊一趟可以走上30分鐘。如果是在冬天的時候徒步渡橋或漫步公園的話，別忘了保暖暖！

[High Line]
× 漫步在空中公園

[華爾街]
× 向金融街邁進！

Highilne

在離地9m高處空中漫步

大約3層樓高、全長2.3公里的空中公園。這是老舊高架鐵軌重新開發而成的空間，宛如都市中的綠洲，非常受歡迎。

MAP P.179 A-4 肉品加工區
⌂10th Ave.與12th Ave.之間（Gan sevoot St.~W. 34th St.）

綠意盎然的美麗步道。橫跨High Line而建的The Standard飯店也是一大看點。

Wall Street
華爾街

世界金融中心

紐約證券交易所以及各大銀行本行都匯聚於此，是世界經濟的最中心。周圍也有各種公共藝術，各位可以多多留意。

MAP P.175 C-3 曼哈頓下城
地下鐵搭乘2、3、4、5線到Wall St站後步行約1分鐘

第一任總統喬治·華盛頓舉辦就職演說的聯邦國家紀念堂。

Best time
08:45

什麼都有的超商餐廳

只要有 Whole Foods 超市，萬事都OK！

今天晚餐
吃什麼好呢～

色彩繽紛的蔬菜漂亮展示在眼前。光用看的就令人感到愉快。

帶動全美飲食風潮
當地人最愛的飲食空間

根據地設在德州奧斯汀（Austin）的超市餐廳連鎖店，在北美與英國共開設了477間店鋪，NY市內有11間分店。他們深耕地方，將心力投注在品質優良的生鮮食品上，轉眼間就在美國颳起了一股有機食品旋風。而且Whole Foods所能發揮的功效更是無可限量！不僅在這裡可以買到基本生鮮食品，就連加工食品、生活用品也都一應俱全，還可以在內部設置的用餐區輕鬆享用現做的食物。此外，連自有品牌的零食、雜貨、化妝

What's ??

超市餐廳（Grocerant）是什麼？

由Grocery（雜貨）＋Restaurant（餐廳）組成的新單字Grocerant，意思是客戶在店裡購買新鮮食材後可直接交由店家烹調，獲得餐廳等級菜餚的一種服務業型態。

★ ★ ★ 2017年，流通業大戶亞馬遜收購了Whole Foods，可以期待未來可能提供新的服務項目。

各種有機產品一應俱全！

VEGETABLE

也有很多日本看不到的蔬菜跟少見的水果。

從原始種的復古番茄，就可以清楚看出NY的飲食潮流！

也可以在店裡坐下來休息一下！

COFFEE

秤重賣的自有品牌咖啡豆也很適合當伴手禮。

各間分店情況不盡相同，有些店裡還設有咖啡廳跟飲料吧。

記住各種收銀台的排隊方式

到出現指定號碼的收銀台

如果叫到自己的號碼，就前往該收銀台結帳。

分列排隊

排好隊，等收銀檯上方的螢幕（各店不同）出現自己的號碼。

找到自己的隊伍

依商品數量分成不同結帳隊伍，10個以下的話就排到Express Lane（快速結帳道）。

品、保養品也都找得到，想挑伴手禮的話也一點問題都沒有。對旅客來說，這是一間「超實用」的店！

←接續次頁

營養滿滿的
新鮮果汁 ♥

must
buy!

item:
Juice

冷壓果汁是大重點。利用低速旋轉榨汁機榨取，保留豐富營養成分。商品中也有不少當地產的果汁。

有機檸檬製作的清爽無糖檸檬水Sweettauk $2.99。

Fresh Juice的冷壓果汁 $7.99，以蔬果為原料的溫和口感。

羽衣甘藍、檸檬、生薑等主要原料做成的Suja Green Supreme $7.99。

Red Jack的冷壓果汁，草莓蘋果口味$2.99。

口感超讚的
人氣商品

item:
Grocery

可以在肚子有點餓的時候吃的小零嘴、以及可以帶回去送人的食品大集合！

使用嚴選葡萄製成的巴薩米克醋$13.45。

NY近郊產的熟透番茄製作成的番茄醬Sir Kensington's ketchup $4.45。

遵照冰島的傳統食譜製作的濃稠優格siggi's $2.99。

馬鈴薯、菠菜、胡蘿蔔的零嘴。365 Veggie Chips$2.29。

IN THE **Morning** (06:00-11:00)

在哈林店（12）
找到的！

original

must
buy!

item:
Cosmetics

從純天然到有機，化妝品&保養品的種類目不暇給，而且一堆都是日本買不到的商品。John Masters的東西相對便宜些。

曼哈頓的保養品品牌，SPADET的薰衣草卡斯提爾皂$9.95。

臉部身體皆可使用的Heritage Store玫瑰保濕化妝水$5.99。

John Masters Organics的薰衣草&酪梨潤髮乳$9。

John Masters Organics加入菩提花調配的洗面乳$9。

item:
Hot & Cold Bar

熟食區的價格為1磅（453g）$8.99。有沙拉、水果、熱食還有點心，想吃多少就盛多少！

吃什麼夾什麼
拿起夾子把想吃的東西夾進餐盒。夾子用完要放回原處喔。

餐盒拿了就上！
選擇店裡附的紙餐盒（有些店鋪則使用內用餐盤）。

★ ★ ★ Whole Foods超市不同分店的商品種類、店內氣氛、客群都不一樣，可以逛逛不同分店，十分有趣！

NY& 近郊所有的
Whole Foods Market
完整 List 14

1 *Tribeca*
MAP P.175 B-1 ☎212-349-6555 🏠270 Greenwich St.（bet.Warren & Murray Sts.）

2 *Bowery*
MAP P.176 D-2 ☎212-420-1320 🏠95 E. Houston St.（near Bowery）

3 *Union Square*
MAP P.178 D-3 ☎212-673-5388 🏠4 Union Square S.（bet. University Pl. & Broadway）

4 *Chelsea*
MAP P.179 C-1 ☎212-924-5969 🏠250 7th Ave.（bet. W. 24th & W. 25th Sts.）

5 *Williamsburg*
MAP P.184 E-4 ☎718-734-2321 🏠238 Bedford Ave.（bet. N. 3rd & N. 4th Sts.）

6 *Thrid 3rd*
MAP P.173 B-5 ☎718-907-3622 🏠214 3rd St.（near 3rd Ave.）

7 *Bryant Park*
MAP P.180 D-2 ☎917-728-5700 🏠1095 6th Ave.（bet. W. 41st & W. 42nd Sts.）

8 *Midtown East*
MAP P.182 E-4 ☎646-497-1222 🏠226 E. 57th St.（bet. 2nd & 3rd Aves.）

9 *Columbus Circle*
MAP P.183 B-4 ☎212-823-9600 🏠10 Columbus Circle.（bet.W. 58th & W. 60th Sts.）

10 *Upper East Side*
MAP P.173 B-2 ☎646-891-3888 🏠1551 3rd Ave.（bet. E. 87th & E. 88th Sts.）

11 *Upper West Side*
MAP P.173 A-2 ☎212-222-6160 🏠808 Columbus Ave.（bet. W. 97th & W. 100th Sts.）

12 *Harlem*
MAP P.173 A-1 ☎212-678-1940 🏠100 W. 125th St.（nearMalcolm X Blvd.）

13 *Edgewater*
MAP P.173 A-1 ☎201-941-4000 🏠905 River Road

14 *Closter*
MAP P.173 A-1外 ☎201-367-9099 🏠45 Verva len St.（bet. Piermont & Closter Dock Rds.）

知名烘豆師推出的罐裝咖啡La Colombe的 Mocha Draft Latte $2.99。

布魯克林起家的品牌，人氣抹茶飲品Matcha Bar$2.50。

Ronny Brook的芒果口味優酪乳$2.99。

乾燥加工過的鷹嘴豆零食 Saffron Road $4.49。

滿滿的蔓越莓跟腰果。 Granora Lab的綜合燕麥片$10.99。

自有品牌的蔓越莓香草燕麥片$5.69。

布萊恩特公園店（7）限定

Whole Foods布萊恩特公園店（7）的原創購物袋$1.50。

布魯克林的品牌common good的洗手乳$6.99。

添加香精油，Mrs. Meyer's的洗手乳$12.95。

內用外帶兩相宜
端著托盤直接拿去結帳後，走到內用區。吃完後要將托盤拿去回收窗口。

小心別裝太多
可以均衡盛裝新鮮的蔬菜、水果這點非常吸引人。也附有胡椒鹽。這樣子要$12.41。

瘋狂採買高級品牌！！！！！！

Resort

Diane
$235 ▸ $39.⁹⁹

T&C
$58 ▸ $29.⁹⁹

La Regale
$62 ▸ $36.⁹⁹

SASHU
$30 ▸ $19.⁹⁹

SPORTY

DIESEL
$258 ▸ $119.⁹⁹

Snapback
$28 ▸ $19.⁹⁹

DIESEL
$228 ▸ $119.⁹⁹

CASUAL

HACHE
$129.⁹⁷ ▸ $97.⁹⁹

KLIQUE B
$68 ▸ $29.⁹⁹

Elegant

Cathrine Malandrino
$150 ▸ $79.⁹⁹

Ninewest
$64 ▸ $39.⁹⁹

harve' benard
$34 ▸ $14.⁹⁹

harve' benard
$58 ▸ $29.⁹⁹

Century 21

品項豐富的巨大連鎖店

規模、品項都可說位居紐約龍頭寶
座。女士、男士、孩童服飾、雜
貨、日用品應有盡有。

MAP P.175 C-2 曼哈頓下城
☎212-227-9092 ♠22 Cortlandt St.
（bet. Church St. & Broadway）◷7:45〜
21:00（週四&五〜21:30、週六10:00〜、
週日11:00〜20:00）◉地下鐵搭乘R、W線
到Cortlandt St站後步行約1分鐘

從高檔貨到美國休閒品牌，
諸多牌子羅列的折扣零售店
（Off-price store）。其中
CENTURY21百貨的市中心
店，無論是規模還是位置，都
已經徹底觀光地化，不管什麼
時候去總是人擠人。店裡一直
都亂糟糟的，商品陳列方式也
毫無章法，所以如果打算要血
拚的朋友，一定要瞄準開店時
就衝進去！請各位務必以整個
人都要貼到大門上的氣魄等待
開門，衝進去後，拿下屬於自
己的戰利品吧♪

★ ★ ★ 不少商品都有髒汙或缺鈕扣，購買前請詳細確認商品狀況以及試穿。

Feminine

Tahari
$96 ▸ **$23**.⁹⁹

Ninewest
$59 ▸ **$24**.⁹⁹

Kate Spade
$398 ▸ **$199**.⁹⁹

CAREER

Ro&De
$64 ▸ **$29**.⁹⁷

Kate Spade
$325 ▸ **$159**.⁹⁷

Bella Dahl
$158 ▸ **$44**.⁹⁷

GIRLY

Marc Jacobs
$288 ▸ **$169**.⁹⁹

Christian Louboutin
$900 ▸ **$399**.⁹⁹

French Connection
$168 ▸ **$49**.⁹⁷

Steven Madden
$99 ▸ **$49**.⁹⁷

Kate Spade
$100 ▸ **$59**.⁹⁹

Seychelles
$28 ▸ **$14**.⁹⁹

OTHER SHOPS

Marshalls
重視價格的話就到這邊
以休閒品牌為主。寬闊的店鋪以服裝居多，包包、鞋子的種類也很豐富。
MAP P.173 A-2 上西城 ☎212-579-4101 🚇2182 Broadway（bet. 77th & 78th Sts.）◷9:00～21:00 📍地下鐵搭乘1線到79 St站後步行約3分鐘

Bloomingdale's Outlet
NY老字號百貨的折扣零售店
充滿以高級品牌為主的高檔品味商品。2樓有一間霜凍優格店。
MAP P.183 A-1 上西城 ☎212-634-3190 🚇2085 Broadway（bet. 72nd & 73rd Sts.）◷9:00～21:00 📍地下鐵搭乘1、2、3線到72 St站後步行約1分鐘

Nordstrom Rack
優點是交通位置方便
美國大型百貨的折扣零售店。鞋類部分的風評不錯。
MAP P.178 E-3 東村 ☎212-220-2080 🚇60 E. 14th St.（near 4th Ave.）◷10:00～22:00（週日11:00～20:00）📍地下鐵搭乘4、5、6、L、N、Q、R、W線到14 St-Union Sq站後步行約2分鐘

T. J. Maxx
日用品目不暇給
美國休閒品牌居多。廚房用品、室內裝潢用品也很充足。
MAP P.175 C-3 曼哈頓下城 ☎212-587-8459 🚇14 Wall St.（bet. Broadway & Nassau St.）◷8:00～21:00（週五～21:30、週六9:00～21:30、週日10:00～19:00）📍地下鐵搭乘4、5線到Wall St站後步行約1分鐘

The Metropolitan Museum of Art (MET)

大都會藝術博物館（簡稱MET）
MAP：P173 A-2 上東城
☎212-535-7710 🏠1000 Fifth Ave. (at 82nd St.) ⏰10:00~17:30（週五&六~21:00）
🎫1/1、5月的第1個禮拜一、感恩節、12/25 $25
📍地下鐵搭乘4、5、6線到86 St站後步行約10分鐘

利用地圖和網路高效率參觀巨大的展館！

大都會藝術博物館為世界3大美術館之一，就算不是對藝術鑑賞特別有興趣的人，也必定會來參觀這個景點。然而這間博物館實在太過龐大，根本不可能1天就逛完。所以我們的目標是抓住重點，在2小時內大略逛過一遍。

一進館內，先索取免費的地圖來獲得資訊。地圖也有日文版的。如果有想

建議參觀路線為：先逛1樓的古埃及區與希臘、羅馬區，接著回到正面大廳，走樓梯上2樓。看完歐洲名畫後，如果是夏天可以上到屋頂。接著再逛1樓和2樓的近、現代美術就收工。

記得要留一點時間下來，到1樓的商店挑選伴手禮。

看的作品，也可以事先上官方網站的Collection頁面搜尋作品位置。館內也提供免費WiFi。

Best time
09:00 大都會藝術博物館 的參觀方式
抓住重點，花2小時參觀世界級大型博物館！

030

MY BEST ROUTE
私房 2 H 路線

1 拎著梅杜莎頭顱的珀爾修斯。**2** 烏戈利諾和他的兒子們。**3** 「笑容」人偶。**4** 2樓也有亞洲美術的展示區。

據說曾用在尼祿皇帝的公共澡堂

丹鐸神廟前面的水邊！

Start!

兵器、盔甲區的中央位置

年輕的海克力士大理石像。

阿蒙霍特普三世的巨大法老像。

1樓右邊的騎兵廣場。

同一個房間內共有6件維梅爾的作品

掛在2樓中間

34歲的梵谷。位於2樓左端

戴草帽的自畫像。

維梅爾的少女肖像。

算命師。拉突爾的作品。

Goal!

可以看見中央公園和摩天大樓！

地下咖啡廳為自助式的

從畢卡索、馬諦斯到安迪沃荷都有

1～2樓的左邊走到底是近、現代美術。

5～10月可以上屋頂觀景。

在咖啡廳＆餐廳休息。

這裡才買得到的伴手禮也GET！ *Museum Shop*

地下2樓也有商店，不過主要部分在1樓大廳旁的空間。

1 以中世紀死亡之舞為主題的托特包$35。 **2** Tiffany的葡萄藤花紋手拿包$20。 **3** Met的吉祥物──小河馬William。 **4** 也有胸章。

Ricotta Pancakes
$16

Regular Coffee $3

*House Cured Arctic
Char $15*

超熱門的早餐餐點選擇
非常齊全，和煦的日光
從窗邊照到座位上，喝
口熱騰騰的咖啡，開始
享受早餐吧！

★ ★ ★ 入口右邊有外帶專用的窗口，也可以選擇外帶一杯美式咖啡或拿鐵走。

1 窗邊的位子可以看見路上行人。**2** 休閒的氣氛。**3** 桌上還裝飾著鮮花。**4** 拿鐵類價格$4起跳。**5** 祖傳穀物拼盤$15。

布魯克林人喜愛的場所

這間超夯的餐廳因已故好萊塢演員希斯萊傑出資而名聞遐邇，排隊人潮絡繹不絕。自然風的室內裝潢，完全展現了放鬆的布魯克林風格。而最重要的餐點部分，是帶有澳洲風格的獨創新美式食物。供應時間最晚到下午1點的早餐&早午餐菜單也是一大魅力。

中，瑞可達起司鬆餅（Ricotta Pancake）更可以說是他們的招牌餐點。分量夠、蓬鬆的口感、加上濃郁的蜂巢奶油交織出絕妙口感，甚至有人就是衝著這個鬆餅來的。菜單會隨不同季節改變，豐富度十足，到晚上還會變成提供調酒與下酒菜的酒吧。不光有早餐，不同時段能享受到不同的餐點，這也是一大魅力。

Five Leaves

MAP P.184 E-2 綠點〔布魯克林〕
☎718-383-5345 🏠18 Bedford Ave.（at Lorimer St.）🕗8:00～凌晨1:00 ♥地下鐵搭乘G線到Nassau Av站後步行約2分鐘

1 2017年11月重新裝潢、開幕的4樓。咖啡廳也在這邊。 **2** 店內模樣好適合拍起來上傳到Instagram。 **3** 咖啡廳內的餐具可以在4樓購買。

©Tiffany & Co.

The Blue Box Cafe

MAP P.182 D-4 曼哈頓中城
☎212-605-4270
🏠727 5th Ave.（at 57th St.）
Tiffany旗艦店4F
🕙10:00～17:30（週日12:00～16:30）
📍地下鐵搭乘F線到57 St站後步行約5分鐘

©Andrew Bordwin

Best time

10:00

時下最HOT！傳說中的場景

吃頓 **第凡內** 早餐吧！

感覺自己化身電影主角
第5大道的新人氣景點！

在早晨的Tiffany總店前，奧黛麗赫本一手端著咖啡，吃著丹麥麵包。電影《第凡內早餐》就從這裡揭開序幕。如今這一幕的咖啡廳化為現實，就在Tiffany總店的4樓開張了！現在，全世界的女孩趨之若鶩，但遺憾的是，就算排隊也是進不去的……。想進去，也是進不去的……。

推薦的餐點，當然是早餐$29。只要在營業時間，什麼時候點都OK。算上可頌和水果，主餐有4種，飲料部分則可以選擇要咖啡或是茶。或許徹底變成奧黛麗赫本再去吃早餐也別有一番樂趣!?

必須到RESY這個網站（見下方）事先預約，每天上午9點（NY時間）開始接受30天以後的預約。不過，預約時間一開放，名額馬上就會被搶光，所以建議各位將自己的電子信箱登錄進Notify me以免錯過機會。

美麗的Tiffany Seal水杯 $65。

撞色茶杯＆茶碟 $75。

★ ★ ★ 餐廳預約網站 RESY https://resy.com/cities/1/blue-box-cafe

整個空間統一使用Tiffany藍，優
雅至極，令人不禁陶醉其中♥。

① Maialino的瑞可達起司鬆餅 $22

不同季節可吃到草莓&大黃、桃子、莓果等不同風味的果醬，每種果醬跟瑞可達起司搭在一起都適合的不得了。分量充足，也可以2個人分著吃。

融化的瑞可達起司
既濃稠又綿密

烤得
鬆鬆軟軟
口感絕佳♡

蔓越莓果醬

淋上
暖呼呼的
楓糖奶油
再開動!!

FRESH!!

② Community Food & Juice的 藍莓鬆餅 $13

大量藍莓（麵團裡面也有！）再澆上溫熱的楓糖奶油，美味至極。建議在平日早上8～9點去，可以吃到附贈咖啡以及柳橙汁的$12划算特餐。

③ Clinton St. Baking Company & Restaurant的香蕉核桃鬆餅 $15

人氣鬆餅店的口碑美食。綿密的香蕉搭配上酥脆核桃，交織出美妙的口感，令人上癮。同樣的商品也可以在其姊妹店②以$13的價格吃到。

分量滿點，
飽足感沒話說！

① Maialino

MAP P.178 E-2 格拉梅西
☎212-777-2410 ⚐2 Lexington Ave.（at 21st St.）⊙7:30～10:00（週六&日 10:00～14:30）、12:00～14:00、17:30～22:00（週四～週六～22:30）♥地下鐵搭乘6線到23 St站後步行約2分鐘 ★鬆餅提供時間：週一～五7:30～10:00、週六&日 10:00～14:30

② Community Food & Juice

MAP P.173 A-1 晨邊高地
☎212-665-2800 ⚐2893 Broadway（bet. 112th & 113th Sts.）⊙8:00～21:30（週五～22:00、週六9:00～22:00、週日9:00～）♥地下鐵搭乘1線到Cathedral Pkwy（110 St）站後步行約3分鐘

③ Clinton St. Baking Company & Restaurant

MAP P.176 F-1 下東城
☎646-602-6263 ⚐4 Clinton St.（bet. E. Houston & Stanton Sts.）⊙8:00～16:00、17:30～23:00（週六9:00～、週日9:00～17:00）♥地下鐵搭乘F、M線到2 Av站後步行約6分鐘

Sarabeth's

WE ♥
NYC'S BEST HITS
Pancake

排隊也要吃的最強女子早餐。這裡介紹7種令人口水直流的鬆餅，從經典款到特色款，個個都是紐約限定！

THE STYLISH

④ *Prune*的荷蘭鬆餅 $17

荷蘭風的鬆餅只有早午餐時段吃得到。這種鬆餅
會用烤箱烤，所以呈現外酥內軟的口感。季節變
換，上頭的水果也可能會換成桃子。鬆餅旁還附
有培根！

特大SIZE"♥"

外皮酥酥脆脆
宛如塔派般的
口感

**⑤ *NORMA'S at Le Parker Meridien*的
賣檸檬美式鬆餅 $28～**

有奶油女王之稱的德文郡奶油，融合了檸檬果
皮的酸甜口味，好吃到帶你上天堂。跟可麗餅
差不多薄的鬆餅看起來也給人優雅的感覺。

⑥ *Sarabeth's*的檸檬&瑞可達起司鬆餅 $19.50

加了瑞可達起司的綿柔鬆餅，咬下去的瞬間，
檸檬的風味便在嘴中擴散開來，令人欲罷不
能。NY州產的楓糖漿也超級搭。

鬆軟的口感令人
一吃就停不下來

**⑦ *Fairway Cafe*的
鬆餅 $10**

又稱作銀幣（1美元硬幣）鬆
餅的迷你鬆餅，不僅保留了
過去的樸素味道，價格也十
分親民。

這就是
最正統的味道

約
16
cm
!!

④ *Prune*

MAP P.176 E-1 東村
☎212-677-6221 🏠54E. 1st St.（bet. 1st
& 2nd Aves.）◎17:30～23:00（週六&日
10:00～15:30、17:30～23:00）♥地下鐵
搭乘F、M線到2 Av站後步行約1分鐘

⑤ *Norma's*
（ Parker New York Hotel 內）

MAP P.183 C-4 曼哈頓中城
☎212-708-7460 🏠119 W.56th St.（bet.
6th & 7th Aves.）Parker New York Hotel
內1樓 ◎6:30～11:00（週五～15:00、週六
&日7:30～15:00）♥地下鐵搭乘N、Q、
R、W線到57 St-7Av站後步行約3分鐘

⑥ *Sarabeth's*

MAP P.178 E-1 格拉梅西 ☎212-335-
0093 🏠381 Park Ave. S.（at 27th St.）
◎8:00～23:00（週日&一～22:30）♥地
下鐵搭乘6線到28 St站後步行約1分鐘

⑦ *Fairway Cafe*

MAP P.183 A-1 上西城
☎212-595-1888 🏠2127 Broadway, 2樓
（at 74 th St.）◎8:00～21:30（週五&
六～22:00）♥地下鐵搭乘1、2、3線到72
St站後步行約3分鐘

Photos:©Eric Wolfinger, Norma's, Maialino,
Clinton Street
Baking Co. & Restaurant

037

蛋請選用有機蛋！♡

With 酥酥脆脆的 比司吉

WE ♡

NYC'S BEST HITS

Eggs

精選變化多端的4道蛋料理，每道都是能夠品嘗到雞蛋本身品質之高的實力派菜餚。帶著超滿足的幸福心情，開始1天的行程吧♪

切下去 濃稠的半熟蛋液 淌流而出

① *Bubby's High Line*的 Line Bubby's Breakfast **$20**

新鮮雞蛋煎製的荷包蛋，配上培根、薯條、酸種吐司的最強早晨套餐。一早就給你滿滿活力！

① Bubby's High Line

MAP P.179 A-4 肉品加工區
☎212-206-6200 🏠73 Gansvoort St.（at Washington St.）◷8:00～22:00（週五&六～23:00）♦地下鐵搭乘A、C、E、L線到14 St-8 Av站後步行約7分鐘

② Sarabeth's

→P.37

③ Good Enough to Eat

MAP P.173 A-2 上西城
☎212-496-0163 🏠520 Columbus Ave.（at 85th St.）◷8:00～17:00（週六&日9:00～）、17:00～22:30（週五&六～23:00）♦地下鐵搭乘B、C線到86 St站後步行約4分鐘

④ egg

MAP P.184 D-4 威廉斯堡〔布魯克林〕
☎718-302-5151 🏠109 N.3rd. St.（near Berry St.）◷7:00～17:00（週二～15:00、週六&日8:00～）♦地下鐵搭乘L線到Bedford Av站後步行約7分鐘

④ egg的 Eggs Rothko **$14**

在知名麵包店的布里歐許中打一顆蛋，撒上切達起司後再送進烤箱烤的招牌餐點。絕對讓你吃上癮！

雙重綿～密的口感

雞蛋在裡面♡
起司在上面♡

② *Sarabeth's*的 經典班尼迪克蛋 **$21.50**

紐約早餐女王Sarabeth特製的荷蘭醬實在妙不可言。使用油脂較少的加拿大培根也替這道菜大大地加分！

③ *Good Enough to Eat*的 特製炒蛋 **$11**

加入紅洋蔥與番茄的炒蛋，口感十分軟嫩，非常好吃。自製的白脫牛奶比司吉也很獨樹一格！

超好吃

草莓奶油♡

日本料理的時間。
@布魯克林

② *Okonomi*的二菜一湯套餐 $18～

使用了東海岸產的魚製成的當季烤魚，加上蔬菜料理、味噌湯、七穀飯的每日套餐。在布魯克林也可以吃到道地的日本料理！

Other Breakfast

可以拿來當茶餘飯後話題的各家餐廳招牌餐點大集合。每種都分量滿點，如果一早就想來頓豐盛的，點這些準沒錯。

③ *Shake Shack*的
早餐漢堡（蛋&起司＋香腸）$4.79

7:30～10:30（週末為8:30～）限定。於蛋＋起司的基本搭配之上，再加入培根或是香腸（＋$1）的3種漢堡。

菓堡店的早餐

黑莓
×
布里歐許
大人的滋味 ♡

鋪了滿滿的新鮮水果

① *Community Food & Juice*
→P.36

② *Okonomi*
MAP P.184 F-4 威廉斯堡〔布魯克林〕
☎無 🏠150 Ainslie St.（near Lorimer St.）◎9:00～15:00（週六&日10:00～16:00）🚇週三 🚇地下鐵搭乘L線到Lorimer St站後步行約2分鐘

③ *Shake Shack*
MAP P.178 D-1 格拉梅西 ☎212-889-6600 🏠near Madison Avenue & E. 23rd St.（麥迪遜廣場公園內）◎7:30～22:00（週六&日8:30～）🚇地下鐵搭乘N、R、W線到23 St站後步行約1分鐘

④ *NORMA'S*
（Parker New York Hotel內）
→P.37

⑤ *Katz's Delicatessen*
MAP P.176 E-1 下東城
☎212-254-2246 🏠205 E. Houston St.（at Ludlow St.）◎8:00～22:45（週四～凌晨2:45，週五&六～凌晨8:00）🚇地下鐵搭乘F、M線到2 Av站後步行約3分鐘

① *Community Food & Juice*的
布里歐許法式吐司 $13

使用了容易吸滿蛋液的布里歐許。果醬般濃厚的檸檬酪跟黑莓糖漿根本是天生一對！

⑤ *Katz's Delicatessen*的
煙燻牛肉三明治 $21.45

夾滿多汁且厚度十足的煙燻牛肉，NY名產黑麥三明治。店家會在你眼前豪邁地切割煙燻肉塊。

快看！
夾在三明治裡面的肉
分量大驚人！

④ *NORMA'S at Le Parker Meridien*的格子鬆餅 $31～

不僅上頭鋪了滿滿的水果，鬆餅中也塞滿水果的特色鬆餅 Waz-Za。紅色的部分為布蕾狀的水果醬。

Photos:Norma's, Katz's Delicatessen, Okonomi

一口口咬下
大快朵頤 ☺

ake a break ♡

WE ♥
NYC'S BEST HITS

Coffee

Best of Coffee!

每間店的味道與品質自然不在話下，甚至連咖啡師的風格、店內設計裝潢也都展現了各自毫無商量餘地的堅持。這邊跟各位介紹下面幾間特別推薦的店家！

think coffee

① Think Coffee 的精選豆咖啡 $2.50

2006年創立的當地品牌。秉著公平貿易以及永續性的理念，向各國的生產戶採購品質優良的咖啡豆。此舉獲得非常大的支持。

② Brooklyn Roasting Company 的拿鐵 $4.50

在布魯克林丹波地區設有烘豆廠的人氣在地咖啡公司。味道無庸置疑，手法精純的咖啡師們的拉花藝術也非常吸睛。

也可以喝到
在日本不常喝到的
豆種呢 ☺

③ Toby's Estate 的馥列白 $3.75

源自澳洲的品牌。澳洲人熱愛的馥列白（Flat white＝義式濃縮＋奶泡不會太厚的牛奶），如今也正式在NY落地生根。

氣球的插畫
好CUTE ♥

④ Cafe Grumpy 的卡布奇諾 $4

市內共有8間店面。精挑細選的單一品種咖啡豆，在布魯克林的綠點區進行烘焙。店家的代表色為橘色，非常可愛。

來杯味道有深度的咖啡吧

① Think Coffee

MAP P.178 E-4 格林威治村
☎212-614-6644 🏠123 4th Ave.（bet. 12th & 13th Sts.）🕖7:00～22:00（週五～24:00、週六7:30～24:00、週日7:30～）♀地下鐵搭乘4、5、6、L、N、Q、R、W線到14 St-Union Sq站後步行約2分鐘

③ Toby's Estate

MAP P.184 E-4 威廉斯堡〔布魯克林〕
☎347-586-0063 🏠125 N. 6th St.（near Berry St.）🕖7:00～19:00（週六&日8:00～20:00）♀地下鐵搭乘L線到Bedford Av站後步行約2分鐘

② Brooklyn Roasting Company

MAP P.185 C-1 丹波〔布魯克林〕
☎718-855-1000 🏠25 Jay St.（bet. John & Plymouth Sts.）🕖7:00～19:00
♀地下鐵搭乘F線到York St站後步行約3分鐘

④ Partners Coffee

MAP P.184 E-1 線點〔布魯克林〕
☎718-349-7623 🏠193 Meserole Ave.（at Diamond St.）🕖7:00～19:30（週六&日7:30～）♀地下鐵搭乘G線到Nassau Av站後步行約8分鐘

⑥ *Mudspot* 的
手沖咖啡 $2.75

最早從街角攤販咖啡發跡，後來越來越受到當地人喜愛，終於開設了一間咖啡廳。深焙的咖啡，可以搭配店內的輕食一起享用。

⑤ *Joe Coffee* 的
精選豆咖啡 $2.75

品質經過嚴格篩選的公平貿易單品咖啡豆。格林威治村的1號店開設後，馬上創造了廣大粉絲。紐約市內有16間店面。

顯眼的橘色商標

大大的咖啡杯

⑧ *Ninth Street Espresso* 的
精選豆咖啡 $1.50

在咖啡熱潮過度繁盛之前就一直走在自己的道路上，持續追求品質的NY在地獨立品牌咖啡。其義式濃縮非常有名。

NY第三波咖啡浪潮的先驅

仔細看看豆子的名稱

⑦ *Oslo Coffee Roasters* 的
精選混合豆咖啡 $2

源自威廉斯堡的品牌，最早是提供給社區民眾的小型咖啡品牌。每一種豆子都冠上北歐神話諸神的英名。

tea **WE ♥**
NYC'S BEST HITS

愛喝紅茶的人也別擔心，NY有許多個性豐富且風味獨到、不輸給咖啡的獨立飲茶品牌。

也是名人的愛店

於NY郊外創業的品牌，蘇活區有一間結合了品茗沙龍與咖啡廳的旗艦店。別忘了點份遠近馳名的司康（2個$7）。

⑤ *Joe Coffee*

MAP P.179 C-5 格林威治村
☎212-924-6750 🏠141 Waverly Pl. (at Gay St.) ⌚7:00～20:00（週六&日8:00～）📍地下鐵搭乘A、B、C、D、E、F、M線到W 4 St-Wash Sq站後步行約2分鐘

⑥ *Mudspot*

MAP P.178 F-5 東村
☎212-228-9074 🏠307 E. 9th St. (near 2nd Ave.) ⌚7:30～24:00（週六&日8:00～）📍地下鐵搭乘6線到Astor Pl站後步行約6分鐘

⑦ *Oslo Coffee Roasters*

MAP P.184 E-4 威廉斯堡〔布魯克林〕
☎718-782-0332 🏠133 Roebling St. (at. N.4th St.) ⌚7:00～18:00（週六&日8:00～）📍地下鐵搭乘L線到Bedford Av站後步行約8分鐘

⑧ *Ninth Street Espresso*

MAP P.173 B-3 東村
☎212-358-9225 🏠700 E. 9th St. (bet. Avenue. C & D) ⌚7:00～20:00📍地下鐵搭乘L線到1 Av站後步行約13分鐘

⑨ *Harney & Sons* 的**熱紅茶 $16～**

⑨ *Harney & Sons*

MAP P.177 C-3 蘇活
☎212-933-4853 🏠433 Broome St. (bet.Broadway & Crosby St.) ⌚10:00～19:00（週日11:00～）📍地下鐵搭乘6線到Spring St站後步行約3分鐘

NEW YORK 24 HOURS

旅行的基本，就是一大早就開始馬不停蹄！掌握推薦的資訊以及獨門技巧，就可以過得更有效率、更有活力！

WORKOUT

Jogging

『早晨的慢跑，是紐約客的生活風格』

繞中央公園跑一圈的距離大概是9.7公里。如果是池邊的話則大約是2.5公里！

至於最經典的地點，當然就是中央公園了。尤其推薦池邊路線，由於不少名人會在這邊慢跑，使得這條路線變得非常有名。在布魯克林大橋上慢跑也很痛快（單趟步行約30分鐘）。

中央公園→P.64
布魯克林大橋
→P.22、148

Yoga

『推薦NY式早晨瑜珈』

各位也務必試試看能夠輕鬆參與的免費瑜珈！在綠意盎然的公園裡頭做瑜珈，令人特別神清氣爽。如果在布魯克林大橋公園，做瑜珈的同時可以望向對岸的摩天大樓，幫自己充飽電！

免費早晨瑜珈SPOTS

布萊恩特公園 MAP P.180 D-3
春～秋週二。週四有傍晚場。詳細資訊請上公園官方網站。

布魯克林大橋公園→P.149 春～秋（星期幾不固定）。分成日出瑜珈以及清晨瑜珈兩種。

CitiBike

『租借腳踏車，馳騁早晨NY間！』

自助式的租借腳踏車，可以在多達600處的任一腳踏車站借出以及歸還。支付僅提供刷信用卡方式，1日暢遊資格的費用為\$12。如果單趟30分鐘內歸還，使用次數就沒有限制！

NEW YORK CRUISE

Statue of Liberty

『想就近參觀自由女神的人建議一大早就去』

如果想就近參觀自由女神，就搭乘自由女神像渡輪。這是前往自由女神所在的自由島的唯一一艘渡輪，船票的費用中包含了女神像內部參觀、愛麗斯島移民歷史博物館的入場費、語音導覽的費用。不過如果想要進入皇冠部分，還要另外繳交\$3，而且必須事先預約（通常要排上好幾個月後）。由於全部逛完得花上大半天，所以一早起床就出發吧！

Statue Cruises
自由女神像渡輪
MAP P.173 A-5 曼哈頓下城 ☺發船時間
8:30～17:00（冬季為9:30～15:30）
\$成人\$18.50～

拍完自由女神後，也把慢慢靠近的曼哈頓大樓拍下來♪

Ellis Island
愛麗斯島
MAP P.173 A-5

回程經過的愛麗斯島原先是移民署在的地方，現在則成立了移民歷史博物館。

見到女神後要做的事
- ☐ 爬上皇冠（需預約）
- ☐ 參觀底下基座內的美術館
- ☐ 享受語音導覽服務

SPECIAL MORNING MENU

"吃份新型態早餐來補充活力！"

沒時間吃早餐時，來點紐約客也愛不釋手的冷壓果汁加上果昔，輕輕鬆鬆補充營養如何？可以攝取最低限度卡路里、最大限度必需營養成分的希臘優格也是早晨的強力好夥伴！

Cold Pressed Juice
→P.24

使用低速榨汁機高壓榨取的冷壓果汁，吸引人的地方在於可以攝取到完整的營養成分！超市跟快餐店都可以買到瓶裝果汁！

Smoothie

富含新鮮水果和蔬菜的果昔，是追求健康的人都會吃的早餐。NY有許多果昔專賣店，各位務必嚐嚐看！

Greek Yogurt

濃醇的希臘優格可是營養滿滿的超級好食物。在Chobani的咖啡廳，可以吃到加了水果和燕麥的優格，健康再加分！

Chobani
MAP P.177 C-2 蘇活
☎212-364-3970 ♠152 Prince St.
（at W. Broadway）○7:30〜19:00
（週六&日8:30〜19:00）

MUSEUMS

"博物館必須二話不說瞄準開館時間入場！"

晚上及週末，不僅是觀光客，就連愛好藝術的紐約客也會魚貫而入，一群人在美術館裡頭你擠我擠。如果想要自在地欣賞藝術的話，建議開館後馬上入場。下列的美術館之中，前面3間的開館時間為10:00、後面2間則是11:00。時間抓鬆一點，優雅開啟充滿藝術氣息的一天。

私心推薦的美術館！

☐ *The Met Breuer*
MAP P.173 A-2

大都會藝術博物館的分館。不僅有近現代藝術，地下的餐廳也很多好吃的。週一休館。

☐ *The Cloisters*
MAP P.173 A-1外

亦是大都會分館。重現中世紀修道院風貌的建築莊嚴，一早就能沉浸在神聖氣氛中。全年無休。

☐ *The Frick Collection*
MAP P.173 A-2

館藏甚至包含了原本放在企業家家中的3幅維梅爾的珍貴畫作！週日11點開館。週一休館。

☐ *Neue Gallery*
MAP P.173 A-2

克林姆的女性肖像畫，以及附設咖啡廳內的薩赫蛋糕都令人驚豔！週二、週三休館。

☐ *New Museum*
MAP P.176 D-2

2位日本建築師設計的建築物，館藏充滿各種劃時代藝術品。禮品店也很完善。全年無休。

GOSPEL

"週日上午就到哈林區聆聽福音音樂"

想聽到正統的福音音樂，那就在週日上午參與當地的禮拜。在此推薦接受觀光客入場的一間教堂，是位於120號街的Bethel Gospel Assembly。於10:15開始。

大螢幕上會顯示歌詞，大家一起合唱的時光也很愉快。夏天請早1個小時到場。

OPEN TABLE

"好想吃到熱門餐廳的早午餐！"

使用免費線上預約網站，就能簡單預約熱門餐廳。NY市內3萬間以上的餐廳皆可於該網站預約。

https://www.opentable.com/new-york-city-restaurants

選擇人數與日期、時間，再輸入餐廳名稱搜尋。還可以輸入區域跟餐廳名稱。

CRONUT ®

"免排隊就能買到傳說中的可頌甜甜圈的方法！"

週一11點開始，nyc.cronut preorder.com網站上接受預購2週後的甜甜圈。選擇日期以及數量（1人限購6個），點選Buy Now。填入必要資訊、選擇時間並付款後就完成了。→P.113

Dominique Ansel想出可頌＋甜甜圈的創新口感食物。1個$6。

New York the best time
AROUND

Midday

11:00 - 14:00

街上散步、觀光、觀賞景色，旅行的重點，
就是在街上尚未車水馬龍的時段買好東西、
吃完午餐！有些事情如果早點做完，剩下的
時間就能更有效地利用，所以開頭的衝刺可
是非常貴重的時段。

帝國大廈近在眼前！

帝國大廈
拍不拍得進去呢～？

Top of the Rock Observation Deck

洛克斐勒中心觀景台

存在感強大的帝國大廈一覽無遺！

67樓為室內觀景廳，69、70樓則有室外的觀景台，可以正面看見帝國大廈。尤其70樓沒有安全護欄，開闊感十足。成人票價$36。
MAP P.180 D-1 曼哈頓中城
☎212-698-2000 ⚑30 Rockefeller Plaza（bet. 5th & 6th Aves.）◷8:00～24:00（上觀景台的最後一班電梯為23:15）⚐地下鐵搭乘B、D、F、M線到47-50 Sts-Rockefeller Ctr站後步行約1分鐘

Best time
11:00
帝國大廈、洛克斐勒中心、世貿中心一號大樓
3大地標 要趁早參觀！

1 魄力十足的帝國大廈就在正前方！**2** 1樓也可以買到伴手禮。**3** 入口在50號街上。賣票口則在地下室。如果街已經在網路上訂好票了就直接上2樓。

到底該逛哪個才好！
熱門3大觀景台

到觀景台觀光，可以體會到一種宰制NY的成就感。第一個想到的觀景台，自然是帝國大廈囉。電影中也常出現，可說是NY的象徵。而到洛克斐勒中心觀景台（Top of the Rock），就能看到這棟帝國大廈近在咫尺。洛克斐勒中心69樓以一片玻璃作為圍牆，上到70樓則沒有東西阻擋視線，可以大飽眼福。2015年開幕的世貿中心一號大樓也不容錯過，畢竟那可是全美最高的建築。而且圓形的樓層，讓人可以飽覽360度的環景。這3個地方的熱門程度不分上下，販賣當日票的窗口絕對是大排長龍。建議大家先上它們各自的網站訂票。

★★★ 在大都會藝術博物館的屋頂上，觀賞中央公園和曼哈頓上城區的城市風光也不錯！

046

全NY一覽無遺！

Empire State Building

帝國大廈

約有90年歷史的NY象徵

僅花費13個月便快速竣工的大廈，於1931年開幕。86樓跟102樓都有觀景台。成人票價$37～39。想上102樓必須再加$20。

MAP P.180 D-4 曼哈頓中城
☎212-736-3100 📍350 5th Ave.（bet. 33rd & 34th Sts.）⏰8:00～凌晨2:00（上觀景台的最後一班電梯為閉館前45分鐘）🚇地下鐵搭乘B、D、F、M、N、Q、R、W線到34th St-Herald Sq站後步行約4分鐘

1 各種知名高樓大廈在腳下櫛比鱗次。**2** 安全護欄之外可以眺望曼哈頓島。**3** 別忘了拍照留念。**4** 會隨著活動與節日改變的燈光也是注目焦點。

Photo:Deen Van Meer

One World Observatory

世貿中心一號大樓觀景台

無與倫比的360度環景觀覽！

104層樓高的建築，100～102樓為觀景台。主要的第100樓觀景台為圓形樓層，可以360度觀看紐約全景。成人票價$34。

MAP P.175 B-2 曼哈頓下城
☎844-696-1776 📍285 Fulton St.（at One World Trade Center）⏰9:00～24:00※不同季節會有所調整 🚇地下鐵搭乘E線到World Trade Center站後步行約3分鐘

1 對岸的布魯克林也盡收眼底。**2** 也可以穿過Oculus購物中心前往。**3** 101樓也有餐廳跟咖啡廳。**4** 全美最高的大樓。**5** 門票最好先在網路上買好。

全美最高！

047

Best time
11:00

絕佳的地點！

季節限定的樂趣
在 **Smorgasburg 市集** 大吃特吃！

> *Enjoy* #1
> 東河對岸
> 就是曼哈頓！

> 帝國大廈也看得
> 一清二楚呢！

> *Enjoy* #2
> 開闊的室外
> 也能享受景色

一眼看出飲食潮流
看看吃吃好開心

在瞬息萬變的NY市，飲食的流行也是日新月異。而在喜歡最新潮、最有趣事物的在地饕客之間，最受歡迎的活動就是週末所舉辦的美食慶典──Smorgasburg。不僅可以隔著東河遠眺對岸曼哈頓的摩天大樓，河邊綠地更聚集了超過100攤食物攤販！而參與其中的食物種類，從零食和點心類的小東西，到拉麵跟民族料理以及正統的BBQ，每一種食物都各具特色。參加的民眾拿著各自的戰利品，坐在長椅或草地上，享受著開闊的風景，在藍天白雲下享受野餐趣味。這時的食物吃起來別有一番滋味。夏天時別忘了戴頂帽子！

★ ★ ★ NYC Ferry的乘船處South Williamsburg就在一旁，所以也可以從曼哈頓搭船前往。

以簡單取勝，現炸
脆薯＄8

Enjoy #3
馬上就能看出
NY最新的
飲食潮流！

炸雞＆火龍果＋鳳梨
$13

現場烤給大家看的
BBQ也很吸引人

Enjoy #4
東買西買
享受野餐氣氛

今天跟朋友一起
出來玩！

番茄義大利麵做成的
神奇甜甜圈$3。

Poland
Spring

南美的玉米麵包＋起
司$10。

Enjoy #5
可以體驗
紐約客的
假日生活

Smorgasburg

各具特色的攤販集散地

自2011年開始舉辦，超過100攤攤位齊聚
一堂的週末限定食物慶典。這項活動可以
看出當地人的飲食潮流，因此討論度非常
高。

綜合熱帶水果椰子
冰。

MAP P.184 D-3 威廉斯堡〔布魯克林〕　East
River State Park（at N. 7th St.）　4～11月的週
六11:00～18:00 　地下鐵搭乘L線到Bedford Av站
後步行約約8分鐘

起司與辛香料滿滿的
烤玉米。

夏季時的活動模樣。提醒各位，冬季時會改到室內舉辦喔。（　241 37th
St Brooklyn Industry City2樓 　地下鐵搭乘D、N、R線到36 St站後步
行約6分鐘）。

美國的休閒品牌很多，不過這邊就介紹一些比較推薦、而且在日本買不到的商品。

Madewell
#日本未進口　#大人的可愛風

J.CREW
#基本款　#正式

Madewell

2006年誕生的J.Crew姊妹品牌

掌握潮流，簡約且高品質的休閒服飾非常受歡迎。從輕鬆的假日風格到商務場合穿出去也沒問題的各項女性服飾應有盡有。

MAP P.184 E-4
威廉斯堡〔布魯克林〕
☎718-599-0658 ⬆127 N. 6th St. (bet. Bedford Ave. & Berry St.) ◎10:00～20:00（週日11:00～19:00）♥地下鐵搭乘L線到Bedford Av站後步行約2分鐘

4 套上就搭好的一字領洋裝。$168 5 顏色、材質種類超豐富。Madewell的招牌Transport Tote。$158 6 鈷藍色寬褲。褲管中央有摺線，稍微增加了一點正式感。$89.50

J. Crew

前總統歐巴馬一家也超愛

品牌概念為「Design & High Quality」。撤出日本後，總監換了人，商品方針產生了改變。可以找到不少感覺較正式的成熟服飾。

MAP P.184 D-4 威廉斯堡〔布魯克林〕☎718-384-3027 ⬆234 Wythe Ave. (bet. N 3rd & N 4th Sts.) ◎11:00～20:00（週日～19:00）♥地下鐵搭乘L線到Bedford Av站後步行約7分鐘

1 標準配備的男友牛仔褲，線條上也很俐落，給人一種整潔的感覺。$115 2 胸前垂著兩條可愛帶子的麻花針織毛衣。$85 3 百搭上衣，1件在手、搭配無窮的條紋T。$49.50

★ ★ ★ 每個品牌在NY市內都有許多間分店，搞不好你住的地方附近就有了。

11:00

日本買不到！
喜愛的**美式調調品牌**

OLD NAVY　URBAN OUTFITTERS

#超大　#超便宜　　　　　　　#潮　#酷

Old Navy

已經退出日本市場的便宜可愛品牌

從女士到男士、兒童&嬰幼兒服飾，店內陳列了無數
時下流行的高CP值商品。運動服裝的種類很豐富，
推薦大家看看。尺寸也分成很多種。

MAP P.181 C-4 曼哈頓中城
☎212-594-0049 ♠150 W. 34t
h St.（near 7th Ave.）◯9:00～22:
00（週日10:00～）♥地下鐵搭乘1、
2、3線到34 St-Penn Station站後步
行約1分鐘

9 帶有一點復古感的小碎花及踝長洋裝。$49.99 **10** 星條
旗花紋的針織帽 $9.99。星條旗花紋的服飾肯定找得到，拿
來當伴手禮也不錯。 **11** 搭牛仔褲、搭裙子都合適的短靴。
$39.99

Urban Outfitters

想找特殊&潮流服飾就到這裡

古著、波希米亞風、運動風，商品風格範圍大，讓人
可以在一間店裡就完成全身穿搭的品牌。這間分店還
有DJ台跟化妝品。

MAP P.180 D-4 曼哈頓中城
☎212-239-1673 ♠1333 Broadwa
y（bet. 35th & 36th Sts.）◯9:00
～22:00（週日～21:00）♥地下鐵
搭乘B、D、F、M、N、Q、R、W線
到34 St-Herald Sq站後步行約2分鐘

7 印有1990年代風靡大街小巷的電視劇《六人行》
（Friends）標題logo的圖T。$39 **8** 前面扣子打開的話也
可以當大衣穿的長版洋裝。推薦選購幾乎跟什麼都搭得起來
的大地色。$79

絕佳的地點也帶給人享受

Hudson Eats
(Brookfield Place)

紐約客也用好用滿

在美食廳吃午餐必須鎖定**稍早的時段**!

一個人的時候必去!
輕鬆享用好食尚

美食廳已經完全成為ＮＹ的一種常見用餐型態。肉類料理、沙拉、甜點,多樣化的店面集中於此,也就是我們熟悉的美食街,但跟一般的「美食街」又有一點不一樣。如果要說哪裡不一樣,首先是內部裝潢很時髦。再來,裡頭的店面都是比較高級的精選人氣美食。而且在這裡用餐不需要付小費,所以民眾可以用比較能接受的價格輕鬆吃到這些美食,這也是非常大的一項魅力。紐約客們也經常來這裡用午餐,中午時段總是大排長龍,因為不少店家都會在這裡午餐,中午時段總是大排長龍,因此像我們這些時間較為彈性的觀光客可以早一點用午餐。

首先,我們要佔到位子(絕對不要把貴重品留在位子上)。如果找不到座位的話,也可以到附近的公園用餐。接下來,就逛逛館內,找到目標店家後點份餐吧。

MUST GO STORE!

Dig Inn
嚴選食材的主餐、配菜自由配的餐盤廣受大眾喜愛。

1 膳食纖維豐富的冷壓果汁。**2** 碳烤牛肉以及羽衣甘藍拼盤。

Le District
附設購物區的法式咖啡廳兼餐廳。位於1樓。

Hudson Eats (Brookfield Place)

超過15間人氣餐飲店齊聚一堂。2樓的座位區視野佳,非常受歡迎。晴天時也可選擇陽台區的位子。

MAP P.175 B-2 曼哈頓下城
☎212-978-1698 🏠230 Vesey St.(at West St.) ⊙10:00~21:00(週日11:00~19:00) 🚇地下鐵搭乘R、W線到Cortlandt St站後步行行約10分鐘

飲食潮流的發源地
Chelsea Market

富麗堂皇的迷人飲食空間
The Plaza Food Hall

MUST GO STORE!

Los Tacos No.1

道地的墨西哥捲餅非常
受歡迎。各位一定要點
份仙人掌捲餅吃吃看。

Creamline

和當地乳製品品牌
Ronnybrook合作的咖
啡廳。

Fat Witch Bakery

也有打入日本市場的超
可愛布朗尼店。伴手禮
的選擇也很豐富。

MUST GO STORE!

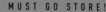

Olma Caviar Boutique & Bar

魚子醬總是讓人望之卻
步,不過在這裡的話感
覺就可以輕鬆挑戰看看
了。

Pain D'Avignon

NY起家品牌,各種剛
出爐法國&美國麵包目
不暇給。

Epicerie Boulud

星級主廚Daniel
Boulud開的店。大家
一定要嚐嚐看他們的甜
點。

Chelsea Market

老舊餅乾工廠翻修而成的市場,共開
設了多達50間餐飲店面,是一個吃
得開心也看得開心的空間。

MAP P.179 A-3 肉品加工區
☎212-652-2110 🏠75 9th Ave.(bet. 15
th & 16th Sts.)⊙7:00~21:00(週日
8:00~20:00)♥地下鐵搭乘A、C、
E、L線到14 St-8 Av站後步行約5分鐘

The Plaza Food Hall

星級主廚Todd English規劃的高檔
路線美食廳。內部也設有正式的餐
廳。

MAP P.182 D-4 曼哈頓中城
☎212-986-9260 🏠1 W. 58th St.(bet.
5th & 6th Aves.)⊙8:00~21:30(週日
11:00~18:00)♥地下鐵搭乘N、R、
Q、W線到5 Av/59 St站後步行約1分鐘

053

Lunch $32~

Benoit

名廚的超高級法國料理

米其林3星主廚Alain Ducasse
所經營的餐廳。平日午餐有$32
（2道菜）以及$38（3道菜）
的Prefix Menu，非常划算。
MAP P.183 C-5 曼哈頓中城
☎646-943-7373 🏠60 W. 55th
St.（bet. 5th & 6th Aves.）
🕐午餐11:45～15:00、晚餐
17:30～23:00、紅酒吧11:45～
23:00 🚇地下鐵搭乘F線到57 St站
後步行約2分鐘

1 Á La Carte Menu（單點）
的鱈魚排$36。芒果與百香果的
醬汁非常美味。**2** 店內裝潢宛
如巴黎餐館。**3** 建築物外觀
為清爽的藍色與白色。夏天也可
選擇戶外座位區。

Photos:Pierre Monetta

Best time
12:00

紐約客最想去的餐廳☆
要吃高級餐廳 就選在
Lunch Time !

我們雖然跟夢幻般的高級餐廳有點格格
不入，但如果是午餐時段就可以試試看
優惠餐點！

Gramercy Tavern

餐廳排行榜的常勝軍

無人不知、無人不曉的經典熱門
餐廳。午餐時段可享用5道菜
的Tasting Menu $89（蔬食套
餐的話則為$79）。

MAP P.178 E-2 格拉梅西
☎212-477-0777 🏠42 E. 20th
St.（bet. Park Ave. & Broad-
way）🕐餐廳區：午餐11:30～
14:00、晚餐17:00～21:45（週五
&六～22:30）🚇地下鐵搭乘6線到
23 St站後步行約3分鐘

Lunch $59~

Del Posto

時尚的義大利餐廳

義大利料理鐵人Mario Batali
經營的店。Prefix Lunch
$59（3道）只需要花晚餐
$164差不多3分之1的錢。

MAP P.179 A-3 雀兒喜
☎212-497-8090 🏠85 10th
Ave.（bet. 15th & 16th Sts.）🕐
週一～五11:30～14:00、17:30～
23:00、週六&日16:30～23:00
（週日～22:00）🚇地下鐵搭乘A、
C、E、L線到14 St–8 Av站後步行
約8分鐘

1 宛如藝術品一般的菜餚。甜
點也不會太甜，味道十分高雅。
2 雅致的裝潢。衣著請不要穿
得太休閒喔。

Photos:©Kate Previte

Lunch $79~

1 不須預約
的Tavern
（酒館）區，
主菜要價$29
起跳。**2** 沉
穩的用餐空
間。廢除小費
制度的舉動引
發熱烈討論。

Photos:Maura McEvoy

★ ★ ★ 即便只是吃頓午餐，每間餐廳還是需要預約的。可以上官方網站或OpenTable等網站預約。

猶如誤闖闖水晶宮殿般，金碧輝煌的世界

Grand Salon

瀰漫高貴氣息的奢華空間

位於高級水晶品牌Baccarat經營的飯店裡頭。午餐與晚餐的菜單都一樣，所以推薦可以在週三～週日到這裡享受優雅的下午茶。

MAP P.182 D-5 曼哈頓中城
☎212-790-8867 🏠28 W. 53rd St.（bet. 5th & 6th Aves.）Baccarat Hotel 2樓 ◎6:30～23:30（早餐6:30～、午餐11:00～、晚餐17:00～）📍地下鐵搭乘E、M線到5 Av/53 St站後步行約1分鐘

Afternoon Tea $65~

午晚餐都是使用同一份菜單。白天建議在下午茶時段（13:00～16:00）去比較划算。

Photos:Baccarat Hotel NYC

WWW.RUSSANDDAUGHTERS.COM

IMPORTED RUSS CAVIAR HOME MADE PICKLED LOX HOME MADE CHOPPED HERRING HOME MADE PICKLED HERRING

第4代老闆Josh（左）以及Niki（右）是堂兄妹，都是創始人的曾孫。

Did you know?

Appetizing Store

猶太熟食店，專門販賣煙燻鮭魚以及奶油起司這些通常跟貝果一起吃的食物。

Best time
12:00

NY地標等級的Appetizing Store
造訪 Russ & Daughters

從The Shop走約4分鐘
▶ The Café

為紀念創業100年，於2014年新開幕的店鋪。也提供調酒和葡萄酒。

開店歷史超過100年
▶ The Shop

老字號店家才有的貝果！不僅猶太裔美國人常光顧，現在更是深受觀光客喜愛。

Russ & Daughters Café

MAP P.176 E-2 下東城
☎212-475-4880 🏠127 Orchard St.（bet. Rivington & Delancey Sts.）🕘9:00～22:00（週六&日8:00～）♥地鐵搭乘F、J、M、Z線到Delancey St-Essex St站後步行約3分鐘

Russ & Daughters

MAP P.176 E-1 下東城
☎212-475-4880 🏠179 E. Houston St.（bet. Allen & Orchard Sts.）🕘8:00～18:00（週四～19:00）♥地鐵搭乘F、M線到2 Av站後步行約1分鐘

RUSS & DAUGHTERS APPETIZERS

★ ★ ★ Museum店不用付美術館的門票費用就能進去。也可以外帶到中央公園享用！

Bagles
除了原味，也有罌粟籽、芝麻、綜合口味。
$2～

Pickles
Kosher Food醬菜的風味特色為蒜香以及蒔蘿。$9

Smoked Salmon
煙燻鮭魚又稱Lox。跟奶油起司的搭配超級合適！$13

Veggies
番茄、洋蔥、酸豆以及猶太食物基本配料蒔蘿。$9

餐廳 & 外帶店
▶ Museum

Russ & Daughters
at the Jewish Museum

MAP P.173 A-2 上東城
☎212-475-4880 🏠1109 5th Ave.（bet. 92nd & 93rd Sts.）⊙9:00～17:45（週四～20:00，週五11:00～16:00，週六10:00～17:45）🔒週三 🚇地下鐵搭乘6線到96 St站後步行約10分鐘

家族經營下不斷進化
歷史悠久的猶太系餐廳

1914年創業迄今，Russ & Daughters超過100年來在下東城區始終屹立不搖。由來自波蘭的猶太裔移民Joel Russ所創，1935年與3位女兒合夥經營，同時變更了店名。這是全美史上第一家使用「女兒們」所命名的店，因此其店名也名留青史。後代也繼承家族經營的形式，2009年由Joel的曾孫Josh以及Niki兩位堂兄妹接手，成為第4代老闆。2014年開設了眾所期盼的咖啡廳，2015年猶太美術館內的新分店也開幕，動作頻頻。這間受地方居民愛戴，保留傳統味道的老店，各位務必去光顧光顧。

▶about Chinatown

1860年左右開始發展，1965年美國移民法修正後更大張旗鼓擴展。華裔人口僅次於皇后區的法拉盛以及布魯克林的中央公園。

Chinatown

MAP P.176 D-4 🏠中心為Canal Street和Mott Street ♀地下鐵搭乘6、J、Z、N、Q、R、W線到Canal St站，或搭乘B、Q線到Grand St站Grand St站

Best time

12:00

$5就讓你身心滿足
想找超便宜、超好吃ＦＯＯＤ就到**唐人街**

③ *May Lai Wah*
美麗華

唐人街名勝──茶館

1968年以來一直深受當地居民愛戴的休憩場所。該茶館的肉包跟餛飩湯也很有名。

MAP P.176 D-4 ☎212-966-7866 🏠64 Bayard St.（bet. Mott & Elizabeth Sts.）⊙7:00～22:30 ♀地下鐵搭乘6、J、N、Q、R、W、Z線到Canal St站後步行約6分鐘

② *May Wah Fast Food*
華美

超闊氣的Over Rice蓋飯！

米飯上鋪上豬肉片和雞腿的Over Rice是他們的人氣餐點。還加了肉醬以及芥菜、白菜。

MAP P.176 D-4 ☎212-925-6428 🏠190 Hester St.（bet. Baxter & Mulberry Sts.）⊙9:00～21:00（週日～20:00）♀地下鐵搭乘6、J、N、Q、R、W、Z線到Canal St站後步行約2分鐘

① *Golden Steamer*
蒸包星

中式包子來這吃！

從肉包、豆沙包到南瓜包，超過10種包子任君挑選。小小的店裡總是擠滿了在地人。

MAP P.176 D-3 ☎212-226-1886 🏠143A Mott St.（bet. Grand & Hester Sts.）⊙7:00～19:00 ♀地下鐵搭乘B、D線到Grand St站後步行約4分鐘

⑥ *Xi'an Famous Foods*
西安名吃

簡單享用秘傳手打麵！

使用西安名產──Q彈的刀削麵去做變化的豐富餐點，引發熱烈討論。因為採速食的型態，可以輕鬆享用！

MAP P.176 D-5 🏠45 Bayard St.（bet. Elizabeth St. & Bowery）⊙11:30～21:00（週五&六～21:30）♀地下鐵搭乘6、J、N、Q、R、W、Z線到Canal St站後步行約7分鐘

⑤ *Hop Kee*
合記飯店

名人也會來的平民派廣東餐廳

大眾餐館感的店內牆壁上，掛著許多名人的照片。廣東風的極品螃蟹燴料，絕對讓你一吃上癮！

MAP P.176 D-5 ☎212-964-8365 🏠21 Mott St.（at Mosco St.）⊙11:00～凌晨1:00（週五&六～凌晨4:00）♀地下鐵搭乘6、J、N、Q、R、W、Z線到Canal St站後步行約7分鐘

④ *Nom Wah Tea Parlor*
南華茶室

1920年創業的NY最老式港式飲茶

常用於電影拍攝場景的南華茶室，現在已經是知名觀光景點。店內沒有推車式的飲茶，要吃什麼得自己在點菜單上圈寫數量。

MAP P.176 D-5 ☎212-962-6047 🏠13 Doyers St.（bet. Pell St. & Bowery）⊙10:30～22:00 ♀地下鐵搭乘6、J、N、Q、R、W、Z線到Canal St站後步行約7分鐘

★ ★ ★ ④所在的Doyers Street是一條60m的小巷道，以前是中國黑道鬥爭的核心地帶。不過現在已成為觀光景點了。

Baked Roast Pork Bun$1和咖啡$1.25

Chicken Leg Over Rice$5 加蛋＋¢50

入口有2個，左邊是座位區、右邊是外帶區。

賣給在地居民的外帶包裝4個一份$4起跳。

Gingery Chicken and Vegetables $1.25

Young Sing Mixed Vegetable Lo Min $10.25

料豐味美的 onton Noodle $5.25

Crabs Cantonese Style $18.75。必吃！

懷舊風的室內裝潢也是一大看點

Scallion Pancakes。放有蔥、口感酥脆。$4.75

Spicy Cumin Lamb Hand-Ripped Noodles $10.61

Lafayette St.
Centre St.
Baxter St.
Mulberry St.
Mott St.
Elizabeth St.
Broome St.
Bowery
Grand St.
Walker St.
Hester St.
Canal St.
Columbus Park
Bayard St.
Worth St.
Pell St.
Doyers St.

12

價格實惠的星級餐廳

這間港式飲茶的香港總店是「全球最便宜的米其林星級餐廳」。美國的1號分店既現代、又放鬆，不會給人壓迫感。顧客不分時段，絡繹不絕，廚房現做的茶點一個接一個送出，一進店裡就能聞到食物的香味，讓肚子響個不停！這間店不開放預約。

Tim Ho Wan
添好運

MAP P.178 E-4 東村
☎212-228-2800
🏠85 4th Ave.（near 10th St.）
🕙10:00～22:00（週五&六10:00～23:00）
📍地下鐵搭乘6線到Astor Pl站後步行約3分鐘

1 包著卡士達醬的法式吐司$4.75，好吃得讓人一吃就停不下來。**2** 必點的春捲外皮也是酥脆可口，口齒留香。$4.75 **3 4** 寬闊的室內空間、溫暖的現代裝潢。**5** 蝦餃和燒賣，和旅伴一起分享人氣港點。$4.50～

Best time
12:00

這等品質竟然只要這種價格！
午餐CP值破表的3間超棒餐廳

在物價昂貴的NY，盡可能享受高CP值的餐點是很重要的。
美味、價格公道、氣氛也很棒！想找這樣的店家就來這裡！

溫馨的法式料理溫暖你的胃

1973年創業的法式餐館。不僅有歐姆蛋、法式鹹派等許多簡易又溫暖的經典菜餚，還有混合了微微美式風格的時髦餐點，自創業以來便受到紐約客喜愛，是一間魅力十足的餐館。午餐時段不開放預約，而且很快就會被在地人塞滿，所以要吃請盡早到店。

La Bonne Soupe

MAP P.183 C-5 曼哈頓中城
☎212-586-7650
🏠48 W 55th St.（bet.5th & 6th Aves.）
🕙11:30～22:30
📍地下鐵搭乘F線到57 St站後步行約2分鐘

1 濃郁醬汁扮演關鍵角色的法式火腿起司三明治（Croque monsieur）。$17 **2** 總是熱鬧非凡的1樓座位。2樓更帶有一點歐洲的味道。**3** 時髦又帶有法國風情的氣氛。**4** 滿滿的起司。招牌菜就是這道熱騰騰的焗烤洋蔥湯了。$11

★★★ 平常午餐開店時間去餐廳的話，不預約也有機會進去，但可以的話還是建議大家透過網路或電話事先訂位。

時髦的摩洛哥風咖啡廳

東村的人氣咖啡廳2號店,就開在威廉斯
堡。坐落於恬靜的住宅區,平日午餐和週
末早午餐時段,店內都充滿了走在時尚潮
流尖端的布魯克林人,有些甚至全家大小
一起用餐。每一道精緻的料理不僅好吃,
分量也夠,而且賣相又好,這間店的CP
值之高毋庸置疑。午餐時段不開放預約。

Café Mogador

MAP P.184 D-4 威廉斯堡〔布魯克林〕
☎718-486-9222
🏠133 Wythe Ave.（bet. N. 7th & N. 8th Sts.）
🕘9:00～24:30（週五&六～凌晨1:30）
🚇地下鐵搭乘L線到Bedford Av站後步行約4分鐘

1 充滿布魯克林感的現代鄉村風格。 **2** 十分入味的羊膝以及一旁的摩洛哥小米。$22
3 辣得夠勁的香料紅蘿蔔。$6.25 **4 5** 自製新鮮鷹嘴豆泥和皮塔餅組合餐。$9.50 **6**
平日早餐部分供應時間一直到下午4點。水波蛋跟哈嚕米起司。$11.50

Best time!

12：00

巨大公園才有的特色！

中央公園的最佳
觀光路線走這裡！

1 因為以前是放羊地而得名的大草坪Sheep Meadow。 **2** 到附近的Whole Foods哥倫布圓環店（→P.27）採買一番。 **3** Plaza Food Hall（→P.53）中Epicerie Boulud賣的莓果百匯。$6～ **4** 也別忘了自Whole Foods買點水果。 **5** Hudson Eats（→P.52）中Dig Inn賣的拼盤。$11.02～

Central Park
中央公園

紐約客的休息好去處

位在曼哈頓中心，約南北長4km，東西
寬800m的遼闊公園，是紐約客的生活
中不可或缺的綠洲。

MAP P.183 C-2

🏠東西範圍5th Ave.～Central Park West、南
北範圍59th St.～110th St. ◎6:00～凌晨1:00
♥地下鐵搭乘1、A、B、C、D線到59 St
Columbus Circle站後步行約1分鐘（到入口）

帶著紐約客的心情
在都會中的綠洲散步！

購物時順道來走走，或是外
帶午餐到這裡快快吃完，這些
都是紐約客享受公園的方式。
我們觀光客也可以在逛完美術
館、或在第5大道血拼完後，
帶著輕鬆的心情到公園走走。
左頁會介紹30分鐘的散步路
線。在開始前，先到哥倫布圓
環（Columbus Circle）的
Whole Foods買些野餐用的
午餐就更完美了！

★★★ 秋天賞紅楓、冬天看雪景，四季可以觀賞到不同面貌也是中央公園引入入勝之處。

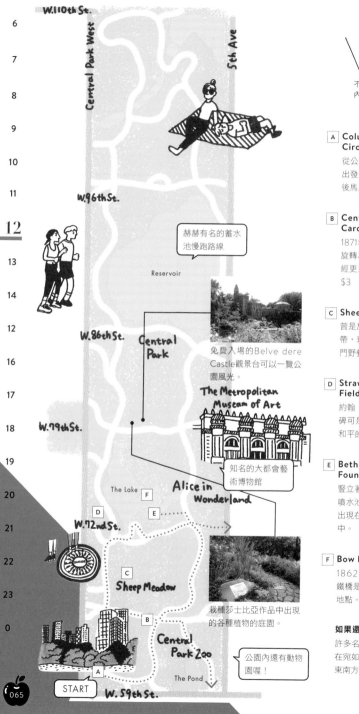

W.110th St.

Central Park West

5th Ave

W.96th St.

赫赫有名的蓄水池慢跑路線

Reservoir

W.86th St.

Central Park

免費入場的Belve dere Castle觀景台可以一覽公園風光。

The Metropolitan Museum of Art

知名的大都會藝術博物館

W.79th St.

Alice in Wonderland

The Lake

F

D

E

W.72nd St.

C

Sheep Meadow

栽種莎士比亞作品中出現的各種植物的庭園。

B

Central Park Zoo

公園內還有動物園喔!

The Pond

START

W.59th St.

065

Walking Tour 30-Minute

不漏掉重要景點,以高效率在30分鐘內逛完吧。

START

A **Columbus Circle**

從公園的西南入口出發,地鐵站出來後馬上就到了。

↓

B **Central Park Carousel**

1871年開始營業的旋轉木馬。現在已經更新到第4代。$3

↓

C **Sheep Meadow**

曾是放羊的牧草地帶,現在已經是熱門野餐地點。

↓

D **Strawberry Fields**

約翰·藍儂的紀念碑可是粉絲聖地,和平的象徵。

↓

E **Bethesda Fountain**

豎立著天使雕像的噴水池和廣場,常出現在電影電視之中。

↓

F **Bow Bridge**

1862年建造的鑄鐵橋是拍照的超棒地點。

↓

如果還有時間也逛逛這裡!

許多名人選為慢跑路線的知名蓄水池,漫步在宛如迷宮般的秘境。也很推薦各位到公園東南方的動物園參觀。

Best time
12:00

世界級的餐點!!!!

牛排王國ＮＹ的
必吃熟成肉 *BEST3*

Black Angus Sirloin Burger $19

午餐限定。附沙拉與薯條。

Old Homestead Steakhouse

Since 1868

MPD地區的地標性存在

老闆選用的最高等級Prime級牛肉以及乾燥熟成肉簡直無可挑剔。因為開業許久，地方粉絲也很多，不少名人也是他們的常客。

MAP P.179 B-3 肉品加工區 ☎212-242-9040 ♠56 9th Ave.（bet. 14th & 15th Sts.）⏰12:00～22:45（週五～23:45、週六13:00～23:45、週日13:00～21:45）♀地下鐵搭乘Ａ、Ｃ、Ｅ、Ｌ線到14 St-8Av站後步行約1分鐘

1 帶骨熟成的丁骨牛排。$105 **2** 友善的服務。 **3** 招牌是很顯眼的一頭牛。 **4** 以前這邊是精肉加工廠區。

**大快朵頤一番
真正道地的美國牛排**

充滿世界頂尖水準料理的ＮＹ，最能代表它的料理之一，就是牛排！特別是一些牛排專賣店，更是從養育牛的方法開始就一絲不苟。假如能品嘗到美國農業部認證的特等牛肉，那怎麼可以錯過！氣派的店面、幽默的服務生、還有飽足感滿分的多汁牛排，個！

就連紐約客也愛不釋手。至於現在最為熱門的，莫過於日本也很多人在討論的乾燥熟成肉。在專用的熟成庫中長期熟成的肉，滋味更上一層樓。熟成肉的特色，在於成熟的牛排，它有別於過去的牛排，富有獨特的香味以及口感。我拍胸脯跟大家推薦，來到ＮＹ，你一定得嚐嚐這個！

★★★ 菜單上常看到的Porterhouse，指的是可以同時嚐到菲力與沙朗兩種部位的牛排。推薦給大家！

066

Steak for Two
$99.95

Porterhouse Steak
(per person)$49.95

美國農業部認證Prime級
牛肉的Porterhouse。

Wolfgang's Steakhouse

Since 2004

名人也會上門的名店

在NY的名店長期工作的Wolfgang Zwiener於2004年所創。強項是以熟成肉為主的豐富菜單。日本也有開設分店。

MAP P.181 C-2 曼哈頓中城
☎212-921-3720 🏠250 W. 41st St.（bet. 7th & 8th Aves.）
⊙12:00〜23:00（週五&六〜24:00）♀地下鐵搭乘A、C、E線到42 St-Port Authority Bus Terminal站後步行約3分鐘

1 NY市內有5間店，照片中的是時代廣場店。 **2** 許多名人也會上門光顧。

Peter Luger Steakhouse

Since 1887

這正是貨真價實的牛排屋

颳起乾燥熟成肉風潮的名店。特別向各位推薦他們依循獨門秘方熟成28天的丁骨牛排。就算你是老饕，也包你驚艷不已！

MAP P.184 E-5 威廉斯堡（布魯克林）
☎718-387-7400 🏠178 Broadway（near Driggs Ave.）
⊙11:45〜21:45（週五&六〜22:45、週日12:45〜）♀地下鐵搭乘J、M、Z線到Marcy Av站後步行約7分鐘

也有經濟實惠的午餐

1 也很推薦午餐限定的漢堡。$14.95 **2** 28天熟成的乾燥熟成丁骨。

每次來都會順手滑買下的東西！

要找ＮＹ式的禮物 就來這

ＮＹ市認定的唯一一間官方商店

City Store

位於NY市政廳內，可以買到貨真價實的
「正牌」稀有伴手禮的珍貴商店！

City Store

一大堆NY市官方認證的商品

位於市政廳1樓的禮品店。除了NYPD
（警察）、NYFD（消防隊）等行政機
關的相關商品之外，還有許多小東西可
買。

MAP P.174 D-1 曼哈頓下城
☎212-386-0007 ♠1 Centre St.（near
Chambers St.）◎10:00～17:00 🔒週六&日 ♀
地下鐵搭乘J、Z線到Chambers St站後步行約1分
鐘

明知老套還是買了
經典可愛伴手禮

Ｉ♥ＮＹ跟ＮＹＰＤ、帝國
大廈、自由女神，這些就算不
特別標註「ＮＥＷ ＹＯＲ
Ｋ」，也是大家能一眼就看出
「這是紐約！」的代表性十足
小東西。不管去了幾次，都還
是會被吸引。這些東西雖然可
以在街上的禮品店中找到，不
過這邊有２間店各位千萬不能
錯過。雖然價格不是說特別便
宜，但當成景點逛逛看看也很
開心，請大家務必去走訪！

★ ★ ★ 時代廣場周圍也有很多禮品店！

6

7

8

9

10

11

12

10

11

12

9

13

14

13

14

15

16

17

18

19

20

21

22

23

0

到雀兒喜市場必逛

Chelsea Market Baskets

從食品到雜貨，品項之豐富令人開心不已。
交通位置方便也是其中一項吸引人的優點。

15

17

16

18

1 Marc Tetro的插圖鑰匙圈。$14 **2** 印有Logo的深藍色棒球帽。$30 **3** 在NY市內拍攝電影、電視的企劃組織Made in NY，印有他們Logo的T恤。$22 **4** NY式Logo和圖標的胸章。一個$10～ **5** NY市警察的T恤。$19 **6** NY街角常見的冰淇淋車圖案靠墊。$14 **7** 視覺Logo的塗鴉Shot杯。$8.75 **8** 帝國大廈以及克萊斯勒大廈造型的鹽罐&胡椒罐。$29 **9** 布魯克林產SHPICKLES的醃菜。$12 **10** 可以記錄遊記的筆記本。$19.95 **11** NY茶葉品牌HARNEY & SONS的茶包4入。$3.95 **12** 源自西雅圖的人氣巧克力Fran's也可以在這裡找到。$11.95 **13** 含有蜂膠成分的天然肥皂。$8.95 **14** 玻璃罐型的保鮮袋，少量購買的場合，每種尺寸都是$2.95 **15** NY產的RAW蜂蜜。$12.95 **16** 廚房布巾上印著當地藝術家繪製的可愛插畫。$12.95 **17** 使用天然原料的薰衣草肥皂也是產自NY。$8.95 **18** 印著I♥NYC Logo的可愛小瓶裝蜂蜜。$3.95

Chelsea Market Baskets

經典NY禮品小角落

巧克力、零嘴、香料、調味料等，以食品伴手禮居多，有NY logo的雜貨品也非常豐富。還有各種NY產的巧克力。

MAP P.179 A-3 肉品加工區
☎888-727-7887 ♠75 9th Ave.（bet. 15th & 16th Sts.）⊙10:00～20:00 ♥地下鐵搭乘A、C、E、L線到14 St-8 Av站後步行約5分鐘

Marlow & Sons

咖啡廳 & 餐廳

新穎懷舊感的精緻咖啡廳

雖然怎麼點怎麼好吃，但特別推薦果醬司康$6，非常適合一個人的午餐。招牌的牡蠣也一定要嚐嚐看！

MAP P.184 E-5 威廉斯堡〔布魯克林〕
☎718-384-1441 🏠81 Broadway（bet. Wythe Ave. & Berry St.）
◎8:00～23:00（週五&六～24:00），餐廳為8:00～16:00、
17:30～23:00（週五&六～24:00）♀地下鐵搭乘J、M、Z線到
Marcy Av站後步行約8分鐘

1 黃金番茄佛卡夏。$7 **2** 入口附近為咖啡廳，裡頭則是餐廳。

Tarlow所規劃的各式店家，都被視為引領潮流的最先鋒，
也吸引了不少當地人的目光！

Produce 02

包包 & 織品

Marlow Goods

兼具環保與時尚的商品

Tarlow追求環保，利用旗下餐廳中所使用之食用動物的皮，做成各式各樣的皮革製品，這項概念掀起了一番討論。精細的高品質商品種類豐富。

MAP P.176 D-1 東村
☎646-781-9830 🏠60 E. 4th St.（bet. Bowery & 2nd
Ave.）◎12:00～18:00（不同季節會稍做調整）♀地下鐵搭
乘F、M線到2 Av站後步行約5分鐘

1 竹節絲質的女用襯衫。$385 **2** 最熱銷的背包。$550 **3** 尺寸較大的托特包。

Diner 美式餐館

獨特的店內氣氛也深受在地人喜愛

最特別的地方，在於店裡採用了1920年代的餐車。一路入店裡，就可以體會到一種穿梭時光回到過去的感覺。

MAP P.184 E-5 威廉斯堡〔布魯克林〕
☎718-486-3077 🏠85 Broadway（at Berry St.）⊙18:00～24:00（週五11:00～、週六&日10:00～）♥地下鐵搭乘J、M、Z線到Marcy Av站後步行約8分鐘

1 保留了約100年前的餐車氛圍。 **2** 選用草飼牛肉的起司漢堡。$17 **3** 入口就在Berry St.上。 **4** 連吧檯區也是以前的樣子。

Best time
13:00

不停創造最新流行的話題新景點
目光離不開 "Andrew Tarlow"！

Marlow & Daughters 肉鋪

時髦感強到不像是肉鋪

一些注重自我表現的居民最愛的肉店。店內也販賣雜貨，其中他們的環保袋更是內行人都知道的熱門伴手禮。
MAP P.184 E-5 威廉斯堡〔布魯克林〕
☎718-388-5700 🏠95 Broadway（near Berry St.）⊙11:00～20:00（週日～19:00）♥地下鐵搭乘J、M、Z線到Marcy Av站後步行約7分鐘

1 也有販售起司和香腸。 **2** 來自鄰近農場的嚴選肉品看起來就是不一樣！

Photos:Mel Barlow, Marlow & Sons, Marlow Goods

Best time
13:00

分享4間富含選物品味的店家♥

每一件都好看！二手服飾選貨店

穿搭時配上一件復古衣著，可說是當地時髦穿搭的常識！我們從特色商店雲集的布魯克林中，挑出時下最夯的4間店跟各位介紹。

USED SELECT
01
Girly

Awoke Vintage

女性們的都會穿搭

這間店極具品味，自世界各地精挑細選的服飾不僅商品狀況良好，也非常符合時下潮流。珠寶、包包、鞋子種類也很豐富，到這裡就可以搭好整套服裝，提升女人味。

MAP P.184 E-4 威廉斯堡〔布魯克林〕
☎718-387-3130
🏠132 N. 5th St.（near Bedford Ave.）
🕙10:00～21:00
📍地下鐵搭L線到Bedford Av站後步行約2分鐘

1 鮮豔的紅色高領毛衣。$55 **2** 葛倫格紋長褲。$65 **3** 有鯨魚圖案的可愛原創蠟燭。$16 **4** 不僅有二手衣著，也有一些新品。黑色騎士夾克。$295 **5** 粉彩色的耳環。$16 **6** 簡單又好搭的耳環不二價。$16 **7** 包包和鞋子品項也很豐富。**8** 針織衫$55、吊帶工作褲。$69

★ ★ ★ 有些二手商品售出後不接受退換貨，所以購買前請務必試穿！

072

Fox & Fawn

潮流休閒風的寶庫

店內陳列許多有別於一般街頭風穿搭的時下潮流服飾，而且經濟實惠的價格也很吸引人。他們開設的Instagram帳號也很值得一看。

MAP P.184 E-2 線點〔布魯克林〕
☎718-349-9510 ⚐570 Manhattan Ave.（bet. Nassau & Driggs Aves.）◷12:00～20:00 ♀地下鐵搭乘G線到Nassau Av站後步行約4分鐘

❶ Rag & Bone的窄管褲。$42.95 ❷ 有著漂亮綠色的外套。$39.95 ❸ 最基本的黑×紅格紋裙。$22.95 ❹ 長版牛仔裙。$17.95

USED SELECT
02
Street

USED SELECT
04
Almighty

USED SELECT
03
High end

Longchamp 與設計師 Jeremy Scott的聯名包包。$49.95

❶ 1980年代的香奈兒項鍊。$1325 ❷ CÉLINE的皮包。$795

Beacon's Closet

在滿坑滿谷的服飾中尋寶

在倉庫翻修的巨大空間中，充滿了數量驚人的商品！有很多可以挖的寶，所以花點時間慢慢挑選吧。市內共有4間店，男士商品也非常豐富。

MAP P.184 E-2 線點〔布魯克林〕
☎718-486-0816 ⚐74 Guernsey St.（bet. Nassau & Norman Aves.）◷11:00～20:00 ♀地下鐵搭乘G線到Nassau Av站後步行約2分鐘

Amarcord Vintage Fashion

一流名牌齊聚一堂

從維多利亞女王時代橫跨到1990年代，包含高級品牌跟一些潮流品牌，替你的裝扮再添風采、提高一個檔次。珠寶跟包包更是非看不可！

MAP P.184 E-4 威廉斯堡〔布魯克林〕☎718-963-4001 ⚐223 Bedford Ave.（bet. N. 4th & 5th Sts.）◷12:00～20:00 ♀地下鐵搭乘L線到Bedford Av站後步行約2分鐘

1 圍裙。$48 **2** 戒指盒。$38 **3** iPhone手機殼。$38 **4** 後背包。$278 **5** 馬克杯。$18 **6** 托特包。$88

Check
原創商品
超可愛！

NY女子愛進心坎的
自有品牌

在高級商店林立的第5大道上，Henri Bendel仍是NY女子心中特別的存在。

原因是，它是美國第一間販賣香奈兒商品、推動化妝品品牌M・A・C流行、屹立不搖站在引領潮流地位的一間店。

2014年Henri Bendel不再以百貨公司的專櫃品牌自居，而是轉為自有品牌重新出發，原創商品越來越豐富！除了最具象徵性的咖啡色×白色條紋商品之外，還有像創作歌手泰勒絲鍾愛的後背包、以及法國插畫家設計的iPhone手機殼等，各式各樣令人怦然心動的商品，只有這裡才買得到。

大大的商品展示櫥窗也很吸睛。會依照季節更迭會改變展示物品，品味十足的擺設也讓人大飽眼福。

Check
請店家
繡上縮寫字母！

替商品繡上縮寫字母的服
務也很受歡迎。可以現場
訂做，3個字母內$5，轉
眼間就能讓商品變成專屬
於你的東西！

Check
包裝也超Q！

蝴蝶結跟盒子也都是咖啡色×白色條紋的。帶著高級感
的可愛風格，非常適合拿來送禮給特別的人。

Henri Bendel
※2019年已歇業

特別為女孩量身打造的商店

以「Girls Playground」為品牌核心概
念，提供各種可愛的原創商品。這間店
也因為曾出現在電視劇《花邊教主》裡
而十分有名。

MAP P.182 D-4 曼哈頓中城
☎212-247-1100
🏠712 5th Ave.（bet. 55th & 56th Sts.）
🕙10:00〜20:00（週日12:00〜18:00）
📍地下鐵搭乘E、M線到5 Av/53 St站後步行約3分鐘

History

1895年 創業於格林威治村
1907年 咖啡色×白色條紋誕生
1913年 轉戰57街
1991年 遷到現在的店址
2014年 轉型自有品牌

②Shake Shack的
Shack Burger $5.55

多汁的天然飼養牛肉，加上軟綿綿的馬鈴薯麵包，簡直就是象徵NY的漢堡。美味的關鍵在於它們的Shake Sauce™。

之所以不會膩得不舒服

Yummy!

松露就在醬汁裡頭⁉

①Burger Joint的
起司堡 $8.50

隱藏在法式精品酒店1樓大廳深處的小小漢堡店，起司堡就是他們的招牌餐點。午餐時段客人很多，請自己多加留意。

看起來精緻小巧♥

① **Burger Joint**

MAP P.178 D-5 格林威治村
☎212-432-1400 ⚑33 W. 8th St.（at MacDougal St.）
⊙12:00～23:00（週五&六～24:00）♀地下鐵搭乘A、B、C、D、E、F、M線到W 4 St-Wash Sq站後步行約4分鐘

② **Shake Shack**

→P.39

Hamburger

不容小覷的速食。NY的漢堡，基本的肉、麵包就不用說了，其他食材也個個經過嚴格挑選，味道好到老饕也忍不住驚嘆太划算啦！

配酒吃也很合適♪

③Black Tap Craft Burgers & Beer的The All American Burger $16

獲選米其林授星的主廚Joe Isidori開設的漢堡專賣店。使用上等Prime級牛肉製作的漢堡排可謂極品。附餐有薯條。

肥瘦比例剛剛剛好Good♥

④Community Food & Juice 的天然草飼牛肉堡 $15

嚴選漢堡排、搭配佛蒙特產白切達起司，附帶洋蔥與薯條，連哥倫比亞大學的學生也愛吃得不得了，總是門庭若市。

肉排醬汁⁉

③ **Black Tap Craft Burgers & Beer**

MAP P.177 B-3 蘇活
☎917-639-3089 ⚑529 Broome St.（bet. Sullivan & Thompson Sts.）⊙11:00～24:00（週四～六～凌晨1:00）♀地下鐵搭乘C、E線到Spring St站後步行約9分鐘

④ **Community Food & Juice**

→P.36

⑤Serendipity3的

Le Burger Extravagant $295

因甜點聞名的咖啡廳所做的超昂貴漢堡。有和牛肉排、松露、魚子醬等高級食材坐鎮，並且撒上金粉，奢侈非凡。

⑤ **Serendipity3**

MAP P.182 E-3 上東城
☎212-838-3531 ⚑225 E. 60th St.（bet. 2nd & 3rd Ave.）⊙11:30～24:00（週五&六～凌晨1:00）♀地下鐵搭乘N、R、W線到Lexington Av/59 St站後步行約3分鐘

Photos:Evan Sung, Burger Joint, Black Tap Beer, Serendipity3

魚子醬

松露

金箔

和牛

切達起司

Hot dog

NY的街頭食物代表之一，就是熱狗了。便宜、快速、酷炫的熱狗，如今在味道以及品質上也著實進步中。

②Red Hook Lobster Pound的
緬因龍蝦捲 $25

雷德胡克地區有一間旗艦店。招牌餐點便是加了自家製美乃滋攪拌的緬因州產龍蝦，再撒上辣椒粉以及蔥花的夢幻美食。

① Crif Dogs

MAP P.178 F-5 東村 ☎212-614-2728 🏠113 St Marks Pl.（bet.1stAve.& Ave.A）⊙12:00～凌晨2:00（週五&六～凌晨4:00）♀地下鐵搭乘L線到1 Av站後步行約7分鐘

② Red Hook Lobster Pound

MAP P.185 B-4 雷德胡克〔布魯克林〕☎718-858-7650 🏠284 Van Brunt St.（bet. Verona & Pioneer Sts.）⊙11:30～21:00（週五&六～22:00）🔒週一 ♀地下鐵搭乘F、G線到Smith-9 Sts站後步行約17分鐘

超過24種的配料任君挑選

①Crif Dogs的
Crif Dog＋鳳梨&蔥苣
$5.50

開在東村的半地下室熱狗店，深受當地小孩喜愛。炸得脆脆的熱狗腸讓它有了別家吃不到的美味。喜歡加多少配料都可以。

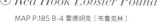

③Gray's Papaya的
熱狗 $2.50

長久以來受到NY居民愛戴的樸素熱狗，可依喜好添加洋蔥和德國酸菜。招牌木瓜汁$1.75也一定要配著喝。

木瓜汁必喝

③ Gray's Papaya

MAP P.183 A-1 上西城 ☎212-799-0243 🏠2090 Broadway（bet. 71St & 72nd St.）⊙24小時 ♀地下鐵搭乘1、2、3線到72 St站後步行約2分鐘

④ Luke's Lobster

MAP P.178 F-5 東村 ☎212-387-8447 🏠93 E. 7th St.（near 1 st Ave.）⊙11:00～22:00（週五&六～23:00）♀地下鐵搭乘F、M線到2 Av站後步行約3分鐘

軟嫩龍蝦塞滿滿

便宜CP值超高！好吃！

④Luke's Lobster的 龍蝦捲 $17

掀起NY龍蝦捲熱潮的熱狗店。約113g的龍蝦為緬因州產直送，經過獨門秘方烹調，再夾進最高級三明治麵包。十分有飽足感。

熱騰騰~

完整濃縮馬鈴薯的風味！

French Fries

紐約客也超愛的薯條。這裡將介紹4種極品薯條，包含正統派薯條以及各種變化版薯條，個個超越副餐定位、躍升主角等級。

盡量夠到熱出來

②*Pommes Frites*的
薯條 $5.75（普通分量）

道地的比利時風薯條，馬鈴薯下鍋炸了兩次，外脆內綿的口感堪稱完美！有芥末、藍乳酪等超過30種口味的醬料可選，十分吸引人。

③*by CHLOE.*的
氣炸薯條 $4.25

超人氣素食咖啡廳所提供的非油炸薯條。口感不變、但卡路里大大減少！建議點甜味薯條。

①*Five Guys Burgers and Fries*的
Cajun Style薯條 $4.19

全美皆有分店的超人氣漢堡連鎖店所販賣的超讚薯條。帶皮馬鈴薯撒上原住民風格的辛辣肯瓊（Cajun）香料。由於薯條是用花生油炸的，健康方面也不用擔心！

酪梨醬

yum yum

Photo:by CHLOE

① *Five Guys Burgers and Fries*

MAP P.180 F-2 曼哈頓中城
☎646-783-5060 ♠690 3rd Ave.（bet. 43rd & 44th Sts.）◯11:00～22:00 ♥地下鐵搭乘4、5、6、7、S線到Grand Central-42 St站後步行約5分鐘

③ *by CHLOE.*

MAP P.177 B-1 格林威治村
☎212-290-8000 ♠185 Bleecker St.（at MacDougal St.）◯11:00～23:00（週六&日10:00～）♥地下鐵搭乘A、B、C、D、E、F、M線到W 4 St-Wash Sq站後步行約4分鐘

② *Pommes Frites*

MAP P.177 B-1 格林威治村
☎212-674-1234 ♠128 MacDougal St.（bet. Bleecker & W.3 rd Sts.）◯11:00～凌晨1:00（週五&六～凌晨3:00）♥地下鐵搭乘A、B、C、D、E、F、M線到W 4 St-Wash Sq站後步行約2分鐘

④ *375° Thrice Cooked Fries*

MAP P.176 E-2 下東城
☎646-682-7578 ♠124 Ludlow St.（bet. Rivington & Delancey Sts.）◯12:00～24:00（週五&六～凌晨4:00）♥地下鐵搭乘F、J、M、Z線到Delancey St-Essex St站後步行約2分鐘

④*375° Thrice Cooked Fries*的
Loaded Frise（Nachos）$8.95

薯條上鋪了滿滿的墨西哥風（Nachos）醬料，包含酸奶油和酪梨。甚至還有大阪燒風味的。

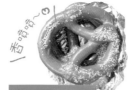

① Hampton Chutney Co.

MAP P.176 D-3 蘇活
☎212-226-9996 🏠143 Grand St.（bet. Lafayette & Crosby Sts.）◎11:00～21:00（週日～19:00）♀地下鐵搭乘6、J、N、Q、R、W、Z線到Canal站後步行約4分鐘

② Pretzel

出沒在街角的攤販

③ Two Boots Pizza

MAP P.176 E-1 東村 ☎212-254-1919 🏠42 Avenue A（at E. 3rd St.）◎11:30～24:00（週五&六～凌晨2:00、週日～二～23:00）♀地下鐵搭乘F、M線到2 Av站後步行約5分鐘

④ Sticky's Finger Joint

MAP P.180 F-4 曼哈頓中城 ☎646-490-5856 🏠484 3rd Ave.（at 33rd st.）◎11:30～23:00（週四～凌晨1:30、週五&六～凌晨3:30）♀地下鐵搭乘6線到33 St站後步行約3分鐘

香哈哈～♡

②Pretzel攤販的
德國結麵包 $1.50～

講到NY的攤販怎麼能不提這一攤！上頭的白色粉末為岩鹽，口味偏重鹹，要吃之前拍掉一些會比較好入口。

③Two Boots Pizza的
義式臘腸披薩 $4

玉米粉餅皮撒上莫札瑞拉起司，再加上義式臘腸。用料簡單更使每項食材的優點得到充分發揮！

①Hampton Chutney Co.
的多薩 $8.95～

印度南部的傳統菜——多薩（Dosa），使用稻米以及小扁豆為原料，做成酥脆的可口薄餅。餡料使用香料調味馬鈴薯，分量夠、很有飽足感。

起司&臘腸

WE ♥

Quick Bites

趕時間的時候，就想快快吃完食物。隆重推薦7款精選高品質速食！

滿滿的紅蘿蔔絲！

④Sticky's Finger Joint的
BUFFALO BALSAMIC BLUE $8.95

雞柳、藍乳酪、還有滿滿的紅蘿蔔絲。雞柳沒有骨頭，非常方便食用，巴薩米克醋的味道跟楓糖醬也非常搭！

⑤Taïm的
Falafel Sandwich $7.75

以色列風味的三明治，用皮塔餅夾起鷹嘴豆製作的可樂餅，徹底顛覆速食=垃圾食物的一道美食！

⑤ Taïm

MAP P.179 C-4 格林威治村 ☎212-691-1287 🏠222 Waverly Pl.（near Perry St.）◎11:00～22:00 ♀地下鐵搭乘1線到Christopher St-Sheridan Sq站後步行約4分鐘

⑥ Habana To Go

MAP P.176 D-2 諾利塔
☎212-625-2002 🏠229 Elizabeth St.（near Prince St.）◎12:00～22:00 ♀地下鐵搭乘6線到Spring St站後步行約5分鐘

⑦ Kati Roll Company

MAP P.177 B-1 格林威治村
☎212-420-6517 🏠99 MacDougal St.（bet. Bleecker & W. 3rd Sts.）◎11:30～凌晨2:00（週五&六～凌晨5:00）♀地下鐵搭乘A、B、C、D、E、F、M線到W 4 St-Wash Sq站後步行約3分鐘

牆上滿滿的萊姆汁

請用～♡

⑥Habana To Go的
墨西哥風烤玉米 $4

人氣咖啡廳旁販賣的外帶店名菜。美乃滋＋起司＋辣椒粉&萊姆的黃金組合！

⑦Kati Roll Company的
Chicken Tikka Roll $5.35

以優格和香料浸漬過的烤雞，用薄薄的Paratha麵餅捲起。這項印度人氣美食肯定會讓你想一吃再吃！

邊走邊吃超方便呢

NEW YORK 24 HOURS

為各位介紹聽到賺到的資訊，讓你的中午時段過得更快樂。1天的正中午時段如果利用得夠精明，剩下的半天也一定可以快樂度過！

Midday Tips

SPECIALTY FOOD STORES

『想吃點簡單的午餐，就到可內用的美食商店』

如果想要簡單解決午餐的話，可以到當地的美食商店（Gourmet Store）內用。當地人平常也會光顧這些地方，就跟逛市場一樣，所以味道不需要擔心。午餐後也可以直接在裡頭找甜點或一些當伴手禮的小東西。

提供義大利的高品質食材。有披薩、魚類料理等多家不同的餐廳以及咖啡廳。

Eataly
MAP P.178 D-1 雀兒喜
☎212-229-2560 📍200 5th Ave.（bet. 23rd & 24th Sts.）

香草覆盆子慕斯蛋糕。$5.80

上西城Zabar's的姊妹店，推薦水果與愛夾多少就夾多少的自助餐。

Eli's Zabar
MAP P.173 B-2 上東城
☎212-717-8100
📍1411 3rd Ave.
（at 80th St.）

沙拉吧的水果切塊。這樣大約$5

因海產新鮮而出名的高級超市。除了沙拉吧和熟食區，也有包裝起來賣的熟食。

Citarella
MAP P.179 C-5 格林威治村
☎212-874-0383 📍424 6th Ave.（at 9th St.）

食物的選貨店。入口附近有咖啡吧檯、裡面有熟食區以及烘焙坊。

Dean & Deluca
MAP P.177 C-2 蘇活
☎212-226-6800 📍560 Broadway（at Prince St.）

THE BEST SOLO LUNCH SPOTS

『一個人的午餐推薦來這吃！』

都出國了，一個人的午餐當然在味道跟氣氛上都不能妥協！這裡精選3間能大大滿足這項願望的店家，每一間都是速食，不僅可以輕鬆享用，而且品質也有保證。相信你一定可以度過幸福的午餐時光。

☑ 可愛又健康的食物！

從巴西莓果碗Açaí bowl，到加了日本蕎麥麵的沙拉。菜單滿是健康食物，在吧檯上快速吃完吧！

Dimes Deli
MAP P.176 F-4 下東城
☎212-240-9410 📍143 Division St.（bet. Ludlow & Essex Sts.）

Photo:by CHLOE

加了酪梨以及香料麵筋的 Quinoa Taco Salad。$10.95

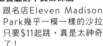

☑ 女性主廚創作的最先進素食！

讓人完全不覺得是全素的精緻菜餚！肉類的部分多用波特菇以及天貝來代替。

by CHLOE.
MAP P.177 B-1
格林威治村
☎212-290-8000 📍185 Bleecker St.（at MacDougal St.）→P.78

☑ 高級餐廳的平民姊妹店

跟名店Eleven Madison Park幾乎一模一樣的沙拉只要$11起跳，真是太神奇了！

Made Nice
MAP P.180 D-5 格拉梅西
☎212-887-1677 📍8 W. 28th St.（bet. Broadway & 5th Ave.）

CITY PASS

"便於NY觀光的划算周遊券"

有了這張券,就可以進入帝國大廈、大都會藝術博物館等6處NY必看觀光景點。成人票價$126、6~17歲$104。買這張周遊券,會比買一般票還省40%,而且持券不需排隊,可以快速入館。購買請上www.citypass.com/new-york。

SNS SPOTS

"觀光必去的時代廣場拍照打卡最佳地點"

在時代廣場拍下照片,上傳分享吧!這種時候,就爬上TKTS優惠票售票亭!樓梯前的道路上寫著一個個附近的劇院名稱,走上樓梯,就可以把整個區域都拍進相片裡。

FOOD

"品嘗日新月異的攤販美食!"

NY的攤販等級都很高,種類也豐富,甚至每年還會舉辦誰才是NO.1攤販的活動,新穎食物目不暇給。曼哈頓中城和聯合廣場附近就有很多攤販,看到的話務必嚐嚐看。

FREE WALKING TOUR

"享受免費的步行導覽行程!"

位於42號街&第5大道的NY市立圖書館,會在11點以及14點(週日只有14點)進行步行導覽。花上1個小時,在裡頭轉轉逛逛,看個過癮。紐約中央車站的免費導覽也很不錯喔。

TIPS FOR RESTAURANTS

"需要注意的各種餐廳內禮儀"

有世界廚房之稱的NY集結了世界各國料理,每一種都讓人想試吃看看。不過在那之前也必須學習在紐約用餐時跟國內不同的常識及禮儀,尤其上高級餐廳時更要注意。多用一份心,用餐更開心♪。

Manners

想在高級餐廳用午餐也必須預約。由於坐上餐桌後,第一個前來服務的服務生就會負責處理這一桌的任何事情,直到最後用餐完畢。所以有事情的話就找那位服務生。叫服務生時不要大聲叫喊,以肢體動作示意即可。

Tipping

最簡單的方法就是抓請款明細上TAX金額的2倍,這樣就能付出最標準的小費,差不多是花費的18%。不過也有些店家會在請款明細上標示小費的費用。

Credit Card

幾乎所有的餐廳都可以刷卡,而刷卡付帳也較為方便。小費的部分就直接在請款明細的小費欄中寫上金額後再簽名即可。

Dress Code

有些高級餐廳會規定用餐應著服裝,請事先確認。基本上最好避免刷破牛仔褲和夾腳拖,以休閒商務風為宜。

RESTAURANT WEEK

"不能錯過!一年2次的超優惠活動"

冬天(1~2月)以及夏天(6~7月)共2次,為期約3個禮拜。超過370間餐廳參與活動,3道菜的午餐只要$29、晚餐也只要$42!

YELP

"調查NY餐廳的知名討論區"

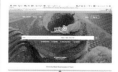

類似日本「食べログ」的餐廳評價討論網站。yelp上幾乎可以找到所有NY內的餐廳,不僅有評價與相片,連地圖及其他詳細資訊都有,非常派得上用場。

照片為電腦上的畫面,也有app版本!

New York the best time

IN THE

Afternoon

14:00 - 18:00

紐約最熱鬧的時段。盡情享受血拼、藝術鑑賞的樂趣吧！當然，可別忘了來份美國式的甜點。紐約充滿許多可愛的咖啡廳，以及適合拍照分享的精緻甜點喔！

Best time

14:00

東西可以一次買齊的好所在！

在購物天堂14號街的 3小時巡禮

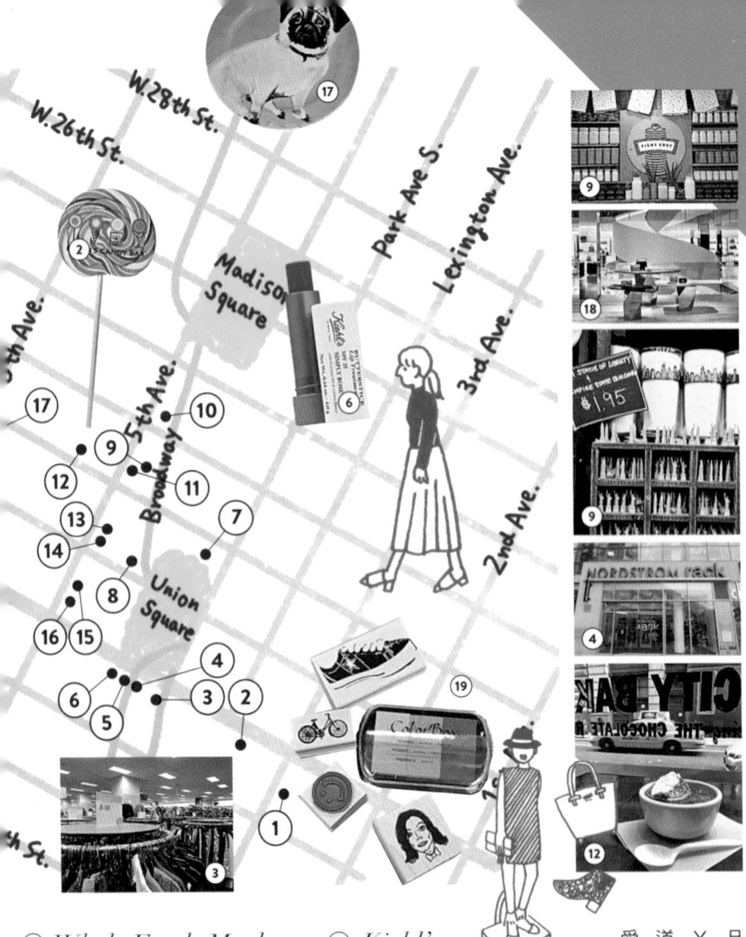

真心推薦瘋狂血拼好去處！

到了紐約，又要觀光、又要觀賞音樂劇，想做的事情多到不行。如果要做的事情多到讓你覺得：「怎麼買東西的時間這麼少！」那就到14號街吧。從聯合廣場出發往西邁進。這一帶以化妝品、休閒服飾為主，Coach、Kate Spade等N.Y的各項品牌在這裡都找得到。即使不在第5大道跟布魯克林之間來回奔波，也可以找到許多可愛的小東西。

---

⑤ *Whole Foods Market*
→P.27

⑥ *DSW*
→P.89

⑦ *Barnes & Noble*
MAP P.178 D-3 格拉梅西 ☎212-253-0810 ⚲33 E. 17th St. (bet. Broadway & Park Ave.) ◷9:00～22:00（週日10:00～）♀地下鐵搭乘4、5、6、L、N、R、W線到14 St-Union Sq站後步行約3分鐘

⑧ *Dylan's Candy Bar*
MAP P.178 D-3 格拉梅西 ☎646-419-2000 ⚲33 Union Square W. (bet. 16th & 17th Sts.) ◷11:00～22:00（週五～23:00、週六10:00～23:00、週日～21:00）♀地下鐵搭乘4、5、6、L、N、Q、R、W線到14 St-Union Sq站後步行約1分鐘

① *Kiehl's*
MAP P.178 E-4 東村 ☎212-677-3171 ⚲109 3rd Ave. (bet. 13th & 14th Sts.) ◷10:00～21:00（週日11:00～19:00）♀地下鐵搭乘L線到3 Av站後步行約2分鐘

② *Trader Joe's*
MAP P.178 E-3

③ *Duane Reade*
→P.143

④ *Nordstrom Rack*
MAP P.178 E-3 東村 ☎212-220-2080 ⚲60 E. 14th St. (near 4th Ave.) ◷10:00～22:00（週日11:00～20:00）♀地下鐵搭乘4、5、6、L、N、Q、R、W線到14 St-Union Sq站後步行約2分鐘

★★★ 如果走累了也可以搭乘公車。14th St.上有一班M14 Crosstown公車可以搭。

⑲ *The Ink Pad*

MAP P.179 C-4 格林威治村
☎212-463-9876 ⛪37 7th Ave.（at 13th St.）◷11:00～19:00（週日12:00～18:00）♀地下鐵乘1、2、3線到14 St站後行約1分鐘

⑳ *Lululemon Athletica*

MAP P.179 A-3 肉品加工區
☎212-255-2978 ⛪408 W. 14th St.（at. 9th St.）◷9:00～21:00（週日11:00～18:00）♀地下鐵乘A、C、E、L線到14 St-8 Av站後行約2分鐘

㉑ *Chelsea Market*
→P.53

⑮ *Coach*

MAP P.178 D-3

⑯ *Paper Source*

MAP P.179 A-3 格拉梅西
☎212-627-1028 ⛪75 5th Ave.（bet. 15th & 16th Sts.）◷10:00～20:00（週日11:00～19:00）♀地下鐵搭乘4、5、6、L、N、Q、R、W線到14 St-Union Sq站後行約3分鐘

⑰ *Old Navy*

MAP P.179 C-3

⑱ *Barneys New York*
→P.88

⑨ *Fishs Eddy*
→P.107

⑩ *Kate Spade*

MAP P.178 D-2

⑪ *Madewell*

MAP P.178 D-2

⑫ *The City Bakery*

MAP P.178 D-3

⑬ *J. Crew*

MAP P.178 D-3

⑭ *Anthropologie*

MAP P.178 D-3

14:00

不是只有「MET」可以去！

必去的**美術館&博物館**
照過來

藝術之城NY中，匯集了全球赫赫有名的美術館與博物館。這裡將為各位介紹除了大都會藝術博物館（MET）之外，4間一定要參觀的美術&博物館。

想盡情享受紐約的藝術
那這些地方一定要去

最優先要去的，非現代藝術博物館莫屬。館藏包含許多畢卡索以及梵谷等眾所皆知的大師們的作品。另一座由世界級建築師Frank Lloyd Wright所設計的古根漢美術館，距離MET大約走路7分鐘的距離，如果時間不夠，起碼也要看看建築物的外觀。而如果有看過電影《博物館驚魂夜》，參觀美國自然歷史博物館時會更有樂趣。至於遷址到High Line旁的惠特尼美國藝術博物館也不能錯過。除了美國自然歷史博物館之外，其他美術館一個禮拜都會有一次免入場費、或是自由樂捐的日子，推薦各位在那一天去參觀（但請做好大排長龍的心理準備！）。基本上館內可自由攝影（部分展示品禁止），所以看到喜歡的作品就拍下來作為旅遊紀念吧♪

Ⓑ *Solomon R. Guggenheim Museum*
古根漢美術館

在設計建築內飽覽藝術品

Frank Lloyd Wright所設計的優美建築物裡頭，會不定期舉辦大規模的主題展覽。建議各位從最頂樓開始慢慢往下看。週六17:45～19:45為入館費自由樂捐時段。

MAP P.173 A-2 上東城
☎212-423-3500 🏠1071 5th Ave.（at 89th St.）◷10:00～17:45（週六～19:45）🔒週四 💲25
📍地下鐵搭乘4、5、6線到86 St站後步行約8分鐘

Ⓐ *The Museum of Modern Art* (MoMA)
紐約現代藝術博物館（MoMA）

最具代表性的現代藝術滿載

包含畢卡索、梵谷、安迪沃荷等知名藝術家的作品，館藏超過20萬件的現代美術殿堂。尤其4樓以及5樓的常展區是必看項目。禮拜五16:00～20:00免入館費。

MAP P.182 D-5 曼哈頓中城
☎212-708-9400 🏠11 W. 53rd St.（near 5th Ave.）◷10:30～17:30（週五～20:00）💲25
📍地下鐵搭乘E、M線到5 Av/53 St站後步行約3分鐘

Ⓓ *Whitney Museum of American Art*
惠特尼美國藝術博物館

以近、現代美國藝術為主

除了7樓的常設展以外，館內也會不定期舉辦特別主題展覽。5～8樓的室外藝廊可以一覽雀兒喜的街景。週五19:00～22:00為入館費自由樂捐日。

MAP P.179 A-4 肉品加工區
☎212-570-3600 🏠99 Gansevoort St.（bet. 10th Ave. & Washington St.）◷10:30～18:00（週五&六～22:00）🔒週二 💲25 📍地下鐵搭乘A、C、E、L線到14 St–8 Av站後步行約8分鐘

Ⓒ *American Museum of Natural History*
美國自然歷史博物館

令人內心澎湃的壯闊世界

展品都是可以全家大小同樂的恐龍化石、以及動物的立體展示模型等物。幾經改建、增建的館內構造有些複雜，給人一種探險的感覺。入館門票建議先在官方網站上購買。

MAP P.173 A-2 上東城
☎212-769-5100 🏠Central Park W.（at 79th St.）◷10:00～17:45 💲23 📍地下鐵搭乘B、C線到81 St–Museum of Natural History站後步行約1分鐘

★★★ 惠特尼美國藝術博物館可以跟High Line（→p.23）一起參觀！

全長約29m
魄力十足！

1 美國自然歷史博物館1樓的海洋生物區，展示著一隻雌性藍鯨的模型**C**。 2 4樓擺設了長毛象與暴龍等巨大恐龍的化石**C**。 3 惠特尼博物館的7樓為常設展，5、6、8樓為主題展**D**。 4 古根漢美術館的建築物本身就是一項藝術品**B**。 5 MoMA旁的禮品店以及馬路正對面的設計商店也非逛不可**A**。

也有JeanMichel
Basquiat的作品喔～！

約80%都是
真正的化石！

入口也很時髦

獨特的圓形外觀
也很好看♡

Barneys的鞋品樓層，在藝廊一般的空間展示高跟鞋。

SHOES THIS WAY

LOW

Manolo Blahnik
[$965]

Christian Louboutin
$865

花紋超可愛的低跟鞋。Ⓓ

線條美麗得宛如藝術品。Ⓑ

High

好想和電視劇及電影的主角一樣穿上漂漂亮亮的鞋子！在這裡，你可以找到你夢寐以求的各種品牌！

《慾望城市》也有出現

Manolo Blahnik
[$995]

影集《慾望城市》中，凱莉在結婚典禮上穿的鞋款。Ⓒ

Sarbatore Ferragamo
$550

這正是Fer-ragamo的最經典設計。Ⓐ

Ⓓ *Barneys New York*
MAP P.179 C-3 雀兒喜
☎646-264-6400 🏠101 7th Ave.（bet. 16th & 17th Sts.）⊙10:00～19:00（週四～20:00、週日11:00～）♀地下鐵搭乘1線到18 St站後步行約2分鐘

Ⓒ *Manolo Blahnik*
MAP P.182 D-5 曼哈頓中城
☎212-582-3007 🏠31 W. 54th St.（bet. 5th & 6th Aves.）⊙10:30～18:00（週四10:30～17:30）♀地下鐵搭乘F線到57 St站後步行約3分鐘

Ⓑ *Christian Louboutin*
MAP P.173 A-2 上東城
☎212-396-1884 🏠965-967 Madison Ave.（bet. E. 75th & E. 76th Sts.）⊙10:00～18:00（週日12:00～17:00）♀地下鐵搭乘6線到77 St站後步行約5分鐘

Ⓐ *Saks Fifth Avenue*
MAP P.180 D-1 曼哈頓中城
☎212-753-4000 🏠611 5th Ave.（bet. 49th & 50th Sts.）⊙10:00～20:30（週日11:00～19:00）♀地下鐵搭乘B、D、F、M線到47-50 Sts-Rockefeller Ctr站後步行約5分鐘

★ ★ ★ Macy's的鞋品樓層處處都有折價商品區，一定要多加注意！

6 7 8 9 11 12 13 14 15 16 17 18 19 20 21 22 23 0

鞋子一排排擺在倉庫般的寬廣空間裡頭。DSW就是這樣的一間折扣鞋店。

Best time

14:00 紐約客的時尚顯現在腳上！鞋店HIGH&Low

價格種類範圍廣，涵蓋各種不同的喜好

感覺紐約客之中，有不少對鞋子十分執著的狂熱者。不僅街上常看見鞋類專賣店和鞋類折價商店，甚至像薩克斯第五大道（Saks Fifth Avenue）這種百貨公司的鞋品樓層，都擁有一個獨立的郵政地址。由於美國充滿了各種族群，鞋子的款式也十分豐富，而價格也從低到高應有盡有，單是逛逛就很開心了呢。

就算是在折價商店跟鞋店中，紐約客也可以找到價格適當的可愛鞋款！

Dolce & Gabbani $620 → $279.99

閃閃發亮的銀色非常奢華！Ⓔ

Givency $720 → $359.99

全皮的星星圖案懶人鞋。Ⓔ

Kate Spade $250 → $139.99

以西瓜為意象的特殊設計。Ⓖ

$34.99 → $19.99

鞋面上有個蝴蝶結做裝飾。Ⓗ

UGG $360 → $169.99

視覺效果很強的絨毛非常溫暖！Ⓖ

GUCCI $960 → $399.99

高筒布鞋也施加了GUCCI的魔法。Ⓕ

Ⓗ *Payless*

MAP P.180 D-4 曼哈頓中城
☎212-947-0306 🏠110 W. 34th St.（near Broadway）⏲8:00～21:00（週六9:00～、週日10:00～19:00）📍地下鐵搭乘B、D、F、M、N、Q、R、W線到34 St-Herald Sq站後步行約1分鐘

Ⓖ *DSW*

MAP P.178 D-3 東村
☎212-674-2146 🏠40 E. 14th St.（near University Pl.）⏲10:00～21:30（週日～20:00）📍地下鐵搭乘4、5、6、L、N、Q、R線到14 St-Union Sq站後步行約1分鐘

Ⓕ *Macy's*

MAP P.181 C-4 曼哈頓中城
☎212-695-4400 🏠151 W. 34th St.（bet. 6th & 7th Aves.）⏲9:30～22:00（週六10:00～、週日11:00～21:00）📍地下鐵搭乘B、D、F、M、N、Q、R、W線到34 St-Herald Sq站後步行約1分鐘

Ⓔ *Century 21*

→P.28

WorLd Is nOt Where We AND AS IN WHAT DirEctioN WE ArE MOVing

Bowne Printers　　　South Street Seaport Museum

光看店內裝潢就令人眼睛為之一亮

購買雜貨&文具用品的
4 BEST SHOP

可愛的手工印製
小卡片♡

$1 each　　　　　DOLLAR STORE

Bowne & Co.
Stationers

手工
印製卡片

懷舊感滿滿的印刷店

店內陳列著許多十分有味道的文具，
都是採用19世紀印刷技術所製作。在
這裡，感覺自己彷彿穿越時空回到了
以前的印刷廠一樣。

MAP P.174 D-2 曼哈頓下城
☎646-315-4478 🏠211 Water St.（bet. Be
ekman & Fulton Sts.）⏰11:00~19:00
📍地下鐵搭2、3線到Fulton St站後步行約4分鐘

1 老鼠插畫上寫著「NY最邪惡區域」的卡片。
2 以帝國大廈為主題，使用鮮豔色彩的卡片。
3 印著一段話的穿洞小卡。可以用緞帶穿過去綁在包裝上。

★ ★ ★ Anthropologie也有促銷商品區，記得看看！

陳設方式也很動人！
很有參考價值♪

簡直如
藝術品般美麗！

把NY各區域的
介紹做成卡片！

1 時髦又可愛的豐富品項。 **2** 使用民族特色花紋以及色彩的可愛小碗一個$10。 **3** 印花系列的華麗刺繡手拿包一個$19.95。

1 使用蝶古巴特方法製作的盤子堆滿滿。 **2** 也有來自世界各地的古董家具。 **3** 海浪圖樣的花瓶是跟法國陶瓷製造商合作的作品。$188

1 一走進精美的店裡就令人產生一股幸福的感覺。 **2** 充滿別具特色的高質感卡片。$5～ **3** 設計獨特的琺瑯胸針一個$12。

Anthropologie （雜貨 小物）

人氣時尚品牌的雜貨

女性品牌推出的雜貨。賞心悅目的設計、合理的價格都是其魅力所在。一個不小心就要大買特買了！

MAP P.178 D-3 格拉梅西
☎212-627-5885 🏠85 5th Ave.（at 16th St.）⏰10:00～21:00（週日11:00～20:00）
📍地下鐵搭4、5、6、L、N、Q、R、W線到14 St-Union Sq站後步行約2分鐘

John Derian （蝶古巴 特製品）

不由自主心醉神迷的獨特世界

除了老闆親手製作的紙鎮和盤子以外，也充滿了各式各樣風格獨具的家具，令人看著看著都忘記了時間。

MAP P.176 D-1 東村
☎212-677-3917 🏠6 E. 2nd St.（bet. 2nd Ave. & Bowery）⏰11:00～19:00 📍地下鐵搭6線到Bleecker St站後步行約4分鐘

Greenwich Letterpress （書信 用品）

可愛的活版印刷寶庫

姊妹共同經營的Letterpress（活版印刷）專門店。以NY為主題的卡片種類繁多，一進到這間店就讓人想提筆寫信呢。

MAP P.179 C-5 格林威治村
☎212-989-7464 🏠15 Christopher St.（bet. Greenwich Ave. & Waverly Pl.）⏰12:00～18:00（週二～五11:00～19:00）📍地下鐵搭1線到Christopher St-Sheridan Sq站後步行約2分鐘

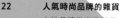

Best time

15:00

讓人想**拍照上傳**分享的**NY甜點**

雖然用吃的就很滿足了，但還是要選這些

可愛到讓人受不了的熱門NY甜點。
用手機將旅行的回憶一個不漏地全部拍下來吧！

IN THE *Afternoon* (14:00～18:00)

Coconut Matcha Latte $5.25 #真的是抹茶＋椰奶 #微苦 #NY的抹茶熱潮 ⓓ

黑色的Coconut Ash $4.50 #活性碳＋椰子 #大吃一驚 #吃完後嘴巴黑黑的 ⓐ

WOWFULLS $11 #格子鬆餅＋彩虹冰淇淋＋配料 #香港誕生 #雞蛋仔 #滿滿的 ⓔ

Sour Power $15 #櫻桃奶昔＋冰淇淋 #滿滿的糖果超誇張 #1個人吃不完啦 ⓑ

ⓕ *Ice & Vice*

MAP P.176 F-4 下東城
☎646-678-3687 🏠221 E. Broadway（at Clinton St.）◯12:00～22:00（週五＆六～24:00）◉地下鐵搭乘F線到East Broadway站後步行約3分鐘

ⓖ *Loopy Doopy Rooftop Bar*

MAP P.175 B-2 曼哈頓下城
☎646-769-4250 🏠102 North End Ave.（bet. Murray & Vesey Sts.）（Conrad New York Hotel內）◯17:00～24:00（營業日期為4月1號～11月15號）◉地下鐵搭乘1、2、3線到Chambers St站後步行約8分鐘

ⓓ *Cha Cha Matcha*

MAP P.176 D-3 諾利塔 ☎646-895-9484 🏠373 Broome St.（near Mott St.）◯8:00～19:00（週五～20:00、週六9:00～20:00、週日9:00～）◉地下鐵搭乘J、Z線到Bowery站後步行約4分鐘

ⓔ *Wowfulls*

MAP P.176 F-1 下東城
☎646-639-9988 🏠309 E. Houston St.（bet. Clinton & Attorney Sts.）◯13:00～21:00 ◉地下鐵搭乘F、M線到2 Av站後步行約7分鐘

ⓐ *Morgenstern's Finest Ice Cream*

MAP P.176 D-2 下東城
☎212-209-7684 🏠2 Rivington St.（bet. Freeman Aly. & Bowery）◯8:00～22:00（週五＆六～24:00）◉地下鐵搭乘J、Z線到Bowery站後步行約2分鐘

ⓑ *Black Tap Craft Burgers & Beer*
→P.76

ⓒ *Benoit*
→P.54

Cotton candy $15 #棉花糖
＋草莓奶昔 Ⓑ

聖代 $9.75 #美式可愛感
#店員很HIGH Ⓗ

藍／紫 $8.50 #冰淇淋雙拼
＋粉紅色的甜筒 Ⓕ

馬卡龍一個$2 #一口SIZE
#不想吃杯子蛋糕時就吃馬卡龍 Ⓙ

聖代 $6.95 #家樂氏
#脆片 Ⓘ

Prosecco氣泡酒＋冰棒$19
#好多泡泡 #超美 Ⓖ

霜淇淋$7 #布拉塔起司
#季節限定 #入口即化！ Ⓛ

CAMPFIRE $7.50 # 321°F
#冰淇淋最好吃的溫度 Ⓚ

柳橙雪酪$8 #明星主廚
#AlainDucasse Ⓒ

Ⓛ *Dominique Ansel Bakery*

MAP P.177 B-2 蘇活
☎212-219-2773 🏠189 Spring St.（bet. Sullivan & Thompson Sts.）◷8:00〜19:00（週日9:00〜）♥地下鐵搭乘C、E線到 Spring St站後步行約2分鐘

Photos:Loopy Doopy Rooftop Bar, Kellogg's NYC, Black Tap Craff Burgers & Beer, Dominique Ansel Kitchen

Ⓙ *Baked by Melissa*
→P.111

Ⓚ *-321°Ice Cream Shop*

MAP P.184 E-4 威廉斯堡［布魯克林］
☎929-228-9008 🏠288 Grand St.（bet. Roebling & Havemeyer Sts.）◷15:00〜23:00（週二＆三〜22:00、週六＆日13:00〜）🔒週一 ♥地下鐵搭乘L線到Bedford Av站後步行約9分鐘

Ⓗ *Ample Hills Creamery*

MAP P.181 A-2 曼哈頓中城
☎212-582-9354 🏠600 11th Ave.（at 45th St.）Gotham West Market內 ◷12:00〜23:00（週六11:00〜、週日11:00〜22:00）♥地下鐵搭乘1、2線到50 St站後步行約9分鐘

Ⓘ *Kellogg's NYC*

MAP P.178 D-3 格拉梅西
☎646-847-0055 🏠31 E. 17th St.（bet. Broadway & Park Ave.）◷8:00〜18:00（週六〜21:00、週日10:00〜16:00）♥地下鐵搭乘4、5、6、L、N、Q、R、W線到14 St–Union Sq站後步行約3分鐘

Best time
15:00

不是只有書！
在 **特色書店** 尋找伴手禮

Café × *Bookstore*

1 從文學作品到藝術類書籍，種類豐富。**2** 一份了解NY甜甜圈店的地圖。**3** 陳設也非常時髦。書本可以帶進咖啡廳，但可別弄髒了。

Marc Jacobs × *Bookstore*

1 附削鉛筆機的12色迷你色鉛筆組。$8 **2** 各項精品光看到商品外表就想買回家。**3** 與油性簽字筆品牌Sharpie的聯名簽字筆。$1.25

McNally Jackson Books

當地文青的聚集處

深受藝術家以及創作者歡迎的獨立書店，1樓設有咖啡廳。除了有Stumptown的咖啡，也提供Sarabeth's以及Balthazar等當地知名餐廳的食物！

MAP P.176 D-2 諾利塔
☎212-274-1160 🏠52 Prince St.（bet. Lafayette & Mulberry Sts.）◯10:00～22:00（週日～21:00）♀地下鐵搭N、R、W線到Prince St站後步行約2分鐘

Bookmarc

鬼才設計師親自操刀

裡頭擺滿許多深奧的藝術類書籍，可以飽覽出生於NY的設計師Marc Jacobs眼中的世界。此外也有許多令人玩心大發的可愛雜貨。

MAP P.179 B-5 格林威治村 ☎212-620-4021 🏠400 Bleecker St.（at W. 11th St.）◯11:00～19:00（週日12:00～18:00）♀地下鐵搭1線到Christopher St-Sheridan Sq站後步行約5分鐘

★★★ Strand的1樓入口附近以及底層有很多伴手禮可以挑選。

Original × Bookstore

Strand Book Store

NY最具代表性的老書店

1927年創業迄今，店內存貨從新書到絕版書籍共有250萬本，而且價格十分親民。他們的原創產品也非常受當地人歡迎。

MAP P.178 E-4 東村
☎212-473-1452 ♠828 Broadway（bet. 12th & 13th Sts.）◷9:30～22:30（週日11:00～）◷地下鐵搭4、5、6、L、N、Q、R、W線到14 St-Union Sq站後步行約3分鐘

3F	絕版書籍
2F	藝術書籍
1F	新書、雜貨
B	CD&DVD

1 又酷又復古的Logo手拿包。$9.95 **2** 紅底白字Logo的經典圖案手拿包$9.95。色彩繽紛的設計托特包$19.95也很受歡迎。**3** 帝國大廈圖案的行李吊牌。$5.95 **4** 咖啡與甜甜圈圖案的襪子。$9.95 **5** 有氣大姊在一旁監督的代辦事項清單。$8.95

深耕地方型的獨立書店
在裡頭尋找原創商品！

紐約不僅有全美最大連鎖書店Barnes & Noble以及Amazon的實體店面amazon books，還有許多各具特色的獨立書店！最近這幾年一直都有書店因為不敵電子書浪潮而淡出街頭，然而這些深耕地方型的獨立書店卻利用品味十足的商品、以及獨特的魅力，擄獲了當地人的心。藝術家的相片集、設計類書籍雖然值得一看，不過像我們這種旅行的人，應該找一些適合當作伴手禮的商品才是。相信在這裡一定可以找到讓你的好奇心天線產生感應的好東西。買完之後再順道來去McNally Jackson的附設咖啡廳坐坐，這可是基本套路♪

Best time
15:00

讓人想專程去坐坐的咖啡廳

想度過**悠閒午後**就來這裡！

2

用喝的、用看的、親身體驗時下潮流的迷人之處

第三波咖啡風潮已經差不多穩定的ＮＹ，如今處處是魅力無窮的咖啡廳。在諸多咖啡廳之中，特別受到時髦的人們熱切關注的咖啡廳，就是威廉斯堡的Devoción了。產地直送、經過店家精心烘焙的優良咖啡豆，以及每次接到點單後現泡的咖啡香氣四溢，這些自然是讓人感到享受的優點，但別緻的店內裝潢更是話題性十足。寬敞的座位區擺放著厚重感十足的皮革沙發椅及木桌，享受美味咖啡的同時，也可以接觸到ＮＹ的生活風格與時下流行的設計裝潢。這麼美妙的店，讓人真想專程過去坐坐。

★ ★ ★ 下午時段過去也不錯，不過Devoción太熱門了，建議還是早上去比較好。總之就好好放鬆，度過悠閒時光吧！

6

7

8

9

10

11

12

13

14

15

16

17

18

19

20

21

22

23

0

Devoción

對品質絕不妥協的好店

店家自己烘焙的哥倫比亞優質咖啡豆，香氣十足的咖啡，廣受大眾喜愛。質感細膩的室內裝潢也掀起一陣話題。他們預計在布魯克林中心開設2號店。

MAP P.184 D-4
威廉斯堡（布魯克林）
☎718-285-6180 🏠69 Grand St.
（at Wythe Ave.）⏰7:00~19:
00（週六&日8:00~）📍地下鐵
搭L線到Bedford Av站後步行約
10分鐘

1 自然光從大大的天窗照進店裡。簡練都會感的家具、紅磚牆，這些正是布魯克林的風格。 **2** 拿鐵$4.75裝在可愛的蛋黃色杯子裡。 **3** 也有茶類可選。照片為店裡的人氣商品水果冰茶。$3.25 **4** 剛出爐的麵包令人食指大動。 **5** 咖啡專賣店才有的精心沖泡極品咖啡。 **6** 植物在整體裝潢之中非常吸睛。 **7** 南美常見的玉米扁麵包「arepa」，上頭鋪滿了番茄&酪梨。$11.25 **8** 來份百香果可頌$5與拿鐵，稍微喘口氣。

15:00

有夠可愛！有夠可口！

沉浸在 **複合式咖啡廳** 的美好時光

Skolebrod
sweet yeast dough
vanilla pastry cream
coconut $3.50

Bakeri

坐落於住宅區的綠洲

來自挪威的老闆所經營的熱門烘焙坊2號店。時髦的空間混合了北歐以及布魯克林的色彩，擄獲了女性顧客的心。

MAP P.184 D-1 綠點（布魯克林）
☎718-349-1542 🏠105 Freeman St.（bet. Franklin St. & Manhattan Ave.）⊙7:00～19:00（週六&日8:00～）📍地下鐵搭G線到Greenpoint Av站後步行約7分鐘

1 五顏六色的花草彩繪給人好心情。**2** 店裡的制服為連身工作服，非常時尚，可以當作穿搭的範本參考。**3** 先來一份招牌的Skolebrod。**4** 如果住的地方夠近，沒事就會想鑽進這個令人放鬆的空間。

★★★ 烘焙坊1號店開在布魯克林的威廉斯堡（MAP P.184 D-4）

Ovenly

地方居民的愛店

根據東歐傳統食譜，使用小豆蔻和迷迭香等香料的麵包和餅乾非常受歡迎。不僅店家裝潢好看，他們自己出的食譜也大獲好評。

MAP P.184 D-2 綠點（布魯克林）
☎888-899-2213 ♠31 Greenpoint Ave.（near West St.）⊙7:30～19:00（週六&日8:00～）♥地下鐵搭G線到Greenpoint Av站後步行約5分鐘

1 夏天時會想喝上一杯的洛神花冰茶。$4 **2** 經典的鹹味巧克力豆餅乾$3.25配上一杯咖啡$3即刻享受下午茶時光。

Lafayette Grand Café & Bakery

讓人想穿得漂亮一點再上門

星級主廚經營的高品質糕點名店。裡頭也有設置餐館，不僅可以到店裡享受下午茶，也很推薦各位在早餐以及晚餐時段上門。

MAP P.176 D-1 東村
☎212-533-3000 ♠380 Lafayette St.（bet.4th & Great Jones Sts.）⊙7:30～11:30、12:00～15:30、17:30～23:00（週六&日8:00～15:30、17:30～23:00、週日～22:30）♥地下鐵搭6線到Bleecker St站後步行約5分鐘

1 簡練都會感的細膩裝潢帶著一股成熟的氣氛。甜點跟餐館的餐點都可以在這裡享用。 **2** 令人想帶回旅館的美麗法國麵包。$4～

Photos:Noah Fecks

Mille-Feuille Bakery

家族經營的小小法式烘焙坊

市內共有3間分店，每天早上店裡都擺滿了布魯克林工坊新鮮出爐的糕點以及法國長棍麵包。店名上也看得到的招牌餐點——香草Mille-Feuille令人回味無窮。

MAP P.173 A-2 上西城
☎212-362-6261 ♠2175 Broadway（bet. 76th & 77th Sts.）⊙7:00～20:00、週六&日8:00～20:00 ♥地下鐵搭1線到79 St站後步行約3分鐘

1 色彩繽紛的可愛馬卡龍是人氣商品。價格$3起跳。味道優雅不死甜，飽足感也十足！ **2** 蛋糕種類也很豐富！想來點輕鬆的下午茶時，非常適合來這間咖啡廳。

Photos:Mille-Feuille Bakery

Best time

15:00

甜點選擇多到眼花撩亂，不過

在 NY 就是要吃 **甜甜圈**

Ⓑ *Beets Ricotta*
$4
甜菜糖衣＋瑞可達
起司

Ⓑ *Everything Doughnut*
$3.75
奶油起司＋大蒜
＋黑芝麻

Ⓐ *Dough Doughnuts*

誕生於布魯克林的甜甜圈

巨無霸的Size可能會讓你嚇一大跳，
不過麵包部分有布里歐許類型那種軟
綿綿的口感，便於入口。

MAP P.178 D-2 雀兒喜 ☎212-243-
6844 🏠14 W. 19th St.（at 5th Ave.）◷
6：00～20：00（週五～21：00、週日
7：00～、週六7：00～21：00）◉地下鐵搭
N、R、W線到23 St站後步行約5分鐘

IN THE

Afternoon (14:00-18:00)

多吃多比較
NY 的必吃甜點

紐約的甜點選擇有很多，不
過最棒的還是——甜甜圈！雞
蛋加麵粉製成麵團丟到油鍋裡
炸，再撒上糖粉……如此簡
單、樸素的味道，一咬下去便
讓人幸福洋溢。早餐、點心、
宵夜，任何時候都可以輕鬆拿
起來吃，這正是甜甜圈最大的
魅力所在。甜甜圈是廣受大眾
喜愛的甜點，紐約客也好、甚
至連警察也一樣，還會一手拿
個甜甜圈去上班呢。

甜甜圈的種類大致可分成2
種。第一種是質地較硬且鬆
散，會在嘴中化開的蛋糕甜甜
圈。這種甜甜圈和巧克力還有
抹茶搭起來簡直是天作之合。
另一種是尺寸較大、質地也較
柔軟的酵母甜甜圈。這種甜甜
圈就選擇簡單用糖衣包覆的口
味或水果風味的吧。

最近連星級主廚也開始推出
高檔的甜甜圈，或徹底選用天

★ ★ ★ Green Market（P.20）的Apple Cider Doughnuts也很推薦大家吃吃看！

100

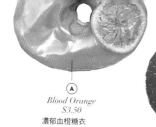

Ⓐ *Blood Orange*
S3.50
濃郁血橙糖衣

Ⓔ *S'mores*
S2.50
巧克力＋烤棉花糖

Ⓓ *Peanut Butter Yuzu*
S3.50
花生奶油＋柚子

Ⓒ *Matcha Tea Cake*
S3.85
輕甜的抹茶糖衣

Ⓒ *Blood Orange Flower*
S5.25
帶著溫和香氣的
柳橙糖衣

Ⓑ *The Doughnut Project*

令人跌破眼鏡的新穎概念魅力無窮

有孩提時吃過的懷舊糖果餅乾，還有鹹
鹹的培根，各種意想不到的食材自由組
合成創新的甜甜圈，掀起一陣話題。

MAP P.177 B-1 格林威治村
☎212-691-5000 🏠10 Morton St.（bet.
Bleecker St. & 7th Ave.）◷8:00～18:
00（週六&日9:00～）♥地下鐵搭A、
B、C、D、E、F、M線到W 4 St-Wash
Sq站後步行約4分鐘

Ⓓ *Pomegranate Tahini*
S3.50
石榴糖衣＋
黑芝麻

Ⓒ *Doughnut Plant*

堅持使用自然食材的人氣店家

甜甜圈可說是NY的代表，對我們來說
也是非常熟悉的食物。如果想吃到Q彈
口感的發酵甜甜圈就來這裡。

MAP P.179 B-1 雀兒喜
☎212-505-3700 🏠220 W. 23rd St.（b
et. 7th & 8th Aves.）◷7:00～22:00
（週四～六～24:00）♥地下鐵搭1線到23
St站後步行約1分鐘

Ⓔ *Lavender Vanilla Glaze*
S2.50
薰衣草＋香草糖衣

Ⓑ *Carrot Cake*
S3.85
香草糖霜＋紅蘿蔔

Ⓓ *Du's Donuts and Coffee*

一流主廚的匠心之作

在美國因提倡分子料理而聞名的主廚
Wylie Dufresne所創作的甜甜圈。

MAP P.184 E-3 威廉斯堡〔布魯克林〕
☎718-215-8770 🏠107 N. 12th St.（bet.
Wythe Ave. & Berry St.）◷8:00～17:
00（週五～19:00、週六9:00～19:00、
週日9:00～）♥地下鐵搭L線到Bedford
Av站後步行約8分鐘

Ⓔ *Underwest Donuts*

這種地方居然有甜甜圈店？

開在一堆車排隊等洗車的洗車場角落。
他們的賣點是使用了高雅糖霜的小型蛋
糕甜甜圈。

MAP P.173 A-3 曼哈頓中城 ☎212-317-
2359 🏠638 W. 47th St.（at 12th Ave.）
◷6:30～17:00（週一～15:00、週六
7:30～、週日7:30～15:00）♥地下鐵搭
C、E線到50 St站後步行約15分鐘

然食材、或以特殊味道作為賣
點。再來，由於越來越多人喜
歡將東西拍照上傳到社群軟
體，甜甜圈在外觀上也越來越
多樣化。如同尊重不同特色的
紐約風格，甜甜圈的味道與喜
好也豐富至極。旅行時，一定
要找到自己喜歡的口味。

「Original」
食品伴手禮

NY的眾多特色超市當中，要挑選伴手禮的話肯定要來這裡！Zabar's跟Trader的UWS（上西城）門市大約距離9分鐘路程，兩邊都逛也沒問題。

Zabar's

14:00-18:00

Oven Mitts
讓烹飪變得更有趣，帶有流行感又可愛的隔熱手套。$5.98

Dried Mixed Fruits
杏桃、葡萄乾等水果乾。
$4.98

Coffee
有榛果和香草等各式各樣的風味。$12.98

Kitchen Towel
100%棉質的大條廚房布巾。
$5.98

Recommend

Canvas Tote Bag
厚帆布托特包實用性十足！
小$6.98、
大$8.98

只有這裡才買得到
蒐購印著Logo的商品！

雖然起司和橄欖、煙燻鮭魚的種類繁多是它最有名的部分，不過適合當伴手禮的還是印上Logo的東西。這間店只有NY有，所以稀有度也很高。特別是2樓的廚房用品絕對不能錯過。重點是，這裡物美又價廉。

Zabar's

MAP P.173 A-2 上西城
☎212-787-2000 ☗2245 Broadway (at 80th St.)
⊙8:00〜19:30（週六〜20:00、週日9:00〜18:00）
📍地下鐵搭1線到79 St站後步行約1分鐘

★ ★ ★ Zabar's的隔壁有一間咖啡廳，購物前後可以在這邊稍作休息！

Best time

16:00

送禮自用兩相宜！關鍵字為
愛 不 釋 手 的

Trader Joe's

Multi-Floral and Clover Honey
裝進小熊瓶子裡面的百花蜜&
三葉草蜂蜜。$3.49

Pinks & Whites Cookies
包了一層優格的花型餅乾。
$2.99

Green Tea Mints
抹茶×薄荷。做成葉片形狀的
可愛糖果！$1.99

Dark Cholate Bar
純度85%。獻給黑巧克力愛
好者的巧克力。$1.69

光看包裝就讓你買下去！
適合重視外觀的分送用禮物

源自加州的全美連鎖店，NY也有8間分店。全品
項約有8成都是自家品牌，店內充滿各種光看包
裝就讓人想買下去的便宜商品。除此之外他們也
會和全世界的製造商合作，不停推出新產品，每
次去都會有新發現！

Trader Joe's

MAP P.183 A-1 上西城
☎212-799-0028 🏠2073
Broadway.（bet. W. 71th &
W. 72th Sts.）◷8:00～
22:00 ♥地下鐵搭1、2、3線到
72 St站後步行約2分鐘

Recommend

Yogurt Covered Raisins
外層包覆優格的葡
萄乾，味道酸甜平
衡得宜。$3.99

從老牌子到時下流行品牌 NY必買化妝品

時尚之都NY匯集了眾多化妝品牌子，其中源自NY的化妝品更是一定要帶回家的。那麼我們首先要去的地方，就是化妝品的百貨──Sephora。從主流大品牌到後起之秀，種類一應俱全，而且最棒的是都可以現場試用。如果是大品牌的路面店，那怎麼能不去看看？不僅種類比日本多，還能找到NY限定商品。選貨店也會賣化妝品，所以一樣要仔細逛逛。順帶一提，如果想更接近NY女子的感覺，重點局部彩妝可是基本要領。活用素顏的感覺，強調眼、口部分，讓妝容部分更為突出。各位務必試試喔♪

Kiehl's
藥局脫胎換骨

約170年前從藥局起家，滿滿植物成分的乳液和唇膏都是暢銷商品的長青樹。Ultra Facial Cream $49.50、Lip Balm $9.50。ⓒ

bliss
人氣SPA推出的產品

名人也會光顧的SPA在療程中所使用的商品，如今也公開販售。尤其用來消除橘皮組織的乳液（左）更是有名。fat girl slim $36、multi face-eted all-in-one anti-aging clay mask $50。ⓐ

Carols Daughter
誕生自布魯克林的廚房

最早打著創辦人Lisa的手工製化妝品的名號出發。其商品特徵為完全無添加物，特別受黑人明星歡迎。Black Vanilla Shampoo $10、Healthy Hair Butter $17。ⓐ

Bite Beauty
吃下去也沒關係的口紅

使用天然原料製作的天然口紅。直營店也提供 $55 客製化口紅的服務。Amuse Bouche Lipstick $26 Liquified Lip $24。ⓖ

ⓓ **C.O. Bigelow**

MAP P.179 C-5 格林威治村
☎212-533-2700 🏠414 6th Ave.
（bet. 8th & 9th Sts.）◷7:30〜21:00（週六8:30〜19:00、週日8:30〜17:30、國定假日9:00〜16:00）♥地下鐵搭A、B、C、D、E、F、M線到W 4 St-Wash Sq站後步行約2分鐘

ⓒ *Kiehl's*

→P.84

ⓑ *Urban Outfitters*

→P.51

ⓐ *Sephora*

MAP P.181 C-2 曼哈頓中城
☎212-737-4672 🏠200 W. 42 nd St.（near 7th Ave.）◷8:00〜24:00 ♥地下鐵搭1、2、3、7、N、Q、R、S、W線到Times Sq-42 St站後步行約1分鐘

C.O. Bigelow
全美最老的藥局

1838年創業。對護膚和身體保養商品配方的堅持，是藥局特有的作風。該品牌也推出男性用商品。Lip Cream$7.50、Perfumer Body Clenser$12。Ⓓ

Mario Badescu
問題肌膚的救星

化學家兼化妝品專家於1967年創業。立即見效的抗痘化妝水也是名人的愛用品。Facial Spray$7 Drying Lotion$17。Ⓑ

John Masters Organics
由髮型師所研發

1991年創業。其護髮商品使用了有機原料，並針對不同的頭皮性質、髮質設計多樣化的商品。Nourishment & Defrizzer$20、Lavender & Avocado Intensive Conditioner $24。Ⓔ

Marc Jacobs Beauty
包裝也好看

世界級設計師於2013年公開的商品。高品質與雅致的包裝瞬間吸引了大量人氣。Major Volume Mascara$26、Hi-Shine Lip Lacquer $28。Ⓐ

Bond No. 9
將NY地名化為香氣

用香氣表現NY的街道和區域的香水品牌。人形的可愛瓶身也是高人氣的秘密。Bond No.9 Madison Avenue$215、I Love NY$399。Ⓕ

Milk Makeup
超夯的新化妝品牌

販賣加入水果等天然成分、對肌膚低刺激的商品。他們還推出可以當口紅使用的腮紅，其嶄新的構想引起熱烈討論。Oil Lip Stain$18、Lip＋Cheek$24。Ⓑ

Ⓖ *Bite Beauty*

MAP P.177 B-2 蘇活
☎646-484-6111 🏠174 Prince St.（near Thompson St.）⊙11:00〜19:00（週日～18:00）♥地下鐵搭C、E線到Spring St站後步行約3分鐘

Ⓕ *Bond No. 9*

MAP P.176 D-1 東村
☎212-228-1732 🏠9 Bond St.（near Lafayette St.）⊙10:00～20:00（週六～19:00、週日12:00～18:00）♥地下鐵搭6線到Bleecker St站後步行約2分鐘

Ⓔ *John Masters Organics*

MAP P.177 B-3 蘇活
☎212-343-9590 🏠77 Sullivan St.（bet. Spring & Broome Sts.）⊙11:00～18:00 ♥地下鐵搭C、E線到Spring St站後步行約1分鐘
※2019年已歇業

$9.95
東一個西一個普普風計程車圖案的馬克杯。Ⓑ

$16.95
老書店Strand的Logo馬克杯。Ⓔ

$18.95
令人想隨時擺在身旁的自由女神像。Ⓘ

MUGS

$18.95
比起拿來用，更想擺著裝飾的藝術馬克杯。Ⓗ

Best time
17:00

永遠不嫌多！

馬克杯&托特包 就選這些

在NY，除了專賣店之外，選貨店和書店也常常能看見馬克杯以及托特包。

$14.95
紐約的高樓大廈環繞著杯身。Ⓘ

IN THE **Afternoon** (14:00-18:00)

$18.95
以通往曼哈頓的橋樑與隧道為主題。Ⓘ

$12.95
裝了溫熱飲品，文字就會消失！Ⓔ

$35
Tiffany推出的藍色禮物盒樣式馬克杯。Ⓓ

$9.95
紐約衛生局的Logo，十分稀有。Ⓑ

$12.95
印著一堆愛因斯坦的超酷馬克杯。Ⓔ

$16.95
Anthropologie的招牌字母杯。Ⓗ

Ⓔ *Strand Bookstore* →P.95

Ⓒ *Marlow & Daughters* →P.71

Ⓐ *Chelsea Market Basket* →P.69

Ⓕ *Zabar's* →P.102

Ⓓ *Tiffany* →P.34

Ⓑ *City Store* →P.68

★ ★ ★ 馬克杯&托特包商品的汰換率很高，這裡介紹的商品有可能已經停止販售了。

$15.95
Fishs Eddy的NY摩天大樓系列。Ⓘ

$19.95
捕捉了許多族群共同生活在NY的情景。Ⓔ

$19.95
充滿知性的蜜雪兒·歐巴馬的圖案很有趣。Ⓔ

$20.95
NY市官方的環保托特包。Ⓑ

$21.95
布魯克林的時髦餐廳推出的托特包。Ⓒ

$19.95
老字號餐廳的托特包,為較厚的帆布質。Ⓕ

$20
地圖上印著許多代表NY的圖案。Ⓐ

$15.95
1964年舉辦的NY世博Logo。Ⓑ

$19.95
官方出的布魯克林大橋托特包。Ⓑ

99¢
Trader Joe's的NY分店限定品。超便宜!Ⓖ

$21.95
葡萄酒專用袋,但拿來當平常用的包包也很可愛。Ⓒ

TOTE BAGS

Ⓘ *Fishs Eddy*

把你最愛的NY帶回家
商品之中有許多以NY為主題的餐具。亞麻以及廚房相關商品很多,光是用逛的就令人開心。

MAP P.178 D-2 雀兒喜 ☎212-420-9020 🏠889 Broadway(at 19th St.)⏰9:00~21:00(週五·六22:00、週日10:00~20:00)📍地下鐵搭4、5、6、L、N、Q、R、W線到14th St–Union Sq站後步行約6分鐘

Ⓖ *Trader Joe's*
→P.103

Ⓗ *Anthropologie*
→P.91

Best time
17:00

NY巧克力必選！
想帶SWEETS回去
選 *Bean to Bar* 就對了

What's?

Bean to Bar是什麼？

從原料可可豆的挑
選、烘焙、研磨、調
配、到成型，整條巧
克力生產鏈都是由公
司一手包辦。

1 Raaka Chocolate Factory位於布魯克林雷德胡克地區的生產工廠。Ⓓ **2** 一個個精心製造的精品巧克力$8。Ⓐ **3** 巧克力工廠內部。
一踏進工廠，馬上就能聞到一股苦甜香氣。這裡也有提供學習巧克力製作過程的導覽服務（週六&日14:00～，$15，需預約）。Ⓓ

味道就是不一樣！

精品巧克力

美國大約從2005年開始，
精品巧克力（Craft Choco-
late）就受到了大眾的關注。到
現在，自誕生於布魯克林的
Mast Brothers方式生產的精品巧
Bean to Bar方式生產的精品巧
克力風潮瞬間席捲NY。如同葡
萄酒與咖啡，精品巧克力的魅力
之一，就在於享受不同產地、不
同烘焙方式所創造的不同香氣。
除了甜味的巧克力，也試著享用
微苦卻香氣十足的巧克力吧。

Other Bars

1 Neto Chocolatier的杏仁膏
巧克力。$4.95 **2** Tumbad or
Chocolate的鹹味花生巧克力。
$4 **3** Hu的榛果醬夾心巧克
力。$4.95

★ ★ ★　Whole Foods P.24 或 Chelsea Market Baskets P.69都買得到。

1 Fine & Raw的工廠設在布希維克。他們的人氣商品是熱巧克力$5。這是只有親自到門市才能品嚐到的濃醇好滋味。Ⓑ **2** Fine & Raw的門市兼工作室。Ⓑ **3** 為了發揮豆子本身的味道，RaakaVirgin Chocolate選擇用生豆製作巧克力 $7.95。Ⓓ **4** Mast Brothers店裡也設有巧克力沖泡吧（Chocolate Brew Bar），可以享受各式飲品。Ⓐ **5** 包裝美得出名的Cacao Prieto$8。Ⓒ **6** 已經成為布魯克林代表性伴手禮的Mast Brothers板巧克力$8。Ⓐ

Ⓓ *Raaka Chocolate*

生豆的風味決定一切

Raaka為芬蘭語「生鮮」的意思。他們家的特色是使用未經烘焙的生豆來製作巧克力，個個都具備有可可豆本身豐富的風味。

MAP P.185 B-4
雷德胡克〔布魯克林〕
☎855-255-3354 ♠64 Sea bring St.（bet. Bowne & Sea bring Sts.）◷10:00～18:00（週六&日12:00～）♥地下鐵搭乘F、G線到Carroll St站後步行約18分鐘

Ⓒ *Cacao Prieto*

包裝美得忍不住掏錢出來

直接從多明尼加可可園批來高品質可可豆，製作出味道高雅的巧克力。工廠內也有在釀造威士忌。

MAP P.185 A-5
雷德胡克〔布魯克林〕
☎347-225-0130 ♠218 Conover St.（bet. Dikeman & Coffey Sts.）◷11:00～17:00（週六&日11:00～19:00）♥地下鐵搭乘F、G線到Carroll St站後步行約27分鐘

Ⓑ *Fine & Raw*

紅酒和咖啡的好夥伴

店如其名，專門以未經烘焙的可可豆製作Raw（生）chocolate，十分受歡迎。使用植物性原料，全素食者也能安心食用。

MAP P.185 A-3
布希維克〔布魯克林〕
☎718-366-3633 ♠288 Seigel St.（near Bogart St.）◷10:00～18:00（週六&日12:00～）🔒週日地下鐵搭乘L線到Morgan Av站後步行約1分鐘

Ⓐ *Mast Brothers Chocolate*

掀起精品巧克力風潮的先鋒

誕生於威廉斯堡的人氣巧克力，由兄弟檔共同經營，對品質十分要求。他們和NY當地品牌的跨領域合作也引起大眾熱烈討論。

MAP P.184 D-4
威廉斯堡〔布魯克林〕
☎718-388-2625 ♠111 N. 3rd St.（near Berry St.）◷10:00～19:00（週日10:00～17:00）♥地下鐵搭乘L線到Bedford Av站後步行約6分鐘

Photos:Fine & Row, Cacao Prieto, Mast Brothers Brew Bar

① *Eileen's Special Cheesecakes*
的草莓口味 $4.75

中間的草莓好可愛！蛋糕不會太大、口感軟綿綿的，非常方便食用，這點很吸引人。感覺可以吃上好幾個。

① *Eileen's Special Cheesecakes*

MAP P.176 D-3 蘇活
☎212-966-5585 🏠17 Cleveland Pl.（near Kenmare St.）◎9:00～21:00（週六&日10:00～19:00）♥地下鐵搭乘6線到Spring St站後步行約3分鐘

② *Two Little Red Hens*

MAP P.173 B-2 上東城
☎212-452-0476 🏠1652 2nd Ave.（bet. 85th & 86th Sts.）◎7:30～21:00（週五～22:00、週六8:00～22:00、週日8:00～20:00）♥地下鐵搭乘4、5、6線到86th St站後步行約5分鐘

③ *Junior's*

MAP P.181 C-2 曼哈頓中城
☎212-302-2000 🏠1515 Broadway（bet. 7th & 8th Aves.）◎6:30～24:00（週五&六～凌晨1:00、週日～23:00）♥地下鐵搭乘1、2、3、7、N、Q、R、S、W線到Times Sq-42 St站後步行約3分鐘

③ *Junior's*的 Raspberry Swirl Cheesecake $7.75

喜愛厚實口感的人推薦來這家。這種濃郁的味道，就是正港的紐約起司蛋糕！

② *Two Little Red Hens*的紐約起司蛋糕 $8

上東城知名烘焙坊的招牌蛋糕。奶油起司非常適合做成不會太甜的口味。

WE ♥
NYC'S BEST HITS

Cheese cake

起司蛋糕可以說是紐約的名產。以奶油起司為主，混合了酸奶油，綿密的口感十分濃、醇、香。

④ *Veniero's*

MAP P.178 F-4 東村
☎212-674-7070 🏠342 E. 11th St.（bet. 1st & 2nd Aves.）◎8:00～24:00（週五&六～凌晨1:00）♥地下鐵搭乘L線到1 Av站後步行約4分鐘

⑤ *Michael Jordan's The Steak House N.Y.C*

MAP P.180 E-2 曼哈頓中城
☎212-655-2300 🏠23 Vanderbilt Ave.（Grand Central Terminal站內北邊樓座）◎午餐：週一～五11:30～14:30／晚餐：週一～六17:00～21:15（週日～21:00）♥地下鐵搭乘S、4、5、6、7線到Grand Central-42 St站後步行約1分鐘

④ *Veniero's*的紐約起司蛋糕 $5.75

老字號義大利烘焙坊也不容錯過。雖然他們的蛋糕並非時下流行的樣式，但味道實在，CP值也挺高。

⑤ *Michael Jordan's The Steak House N.Y.C*的起司蛋糕 $10

雖然這是紐約中央車站內部一間牛排館的起司蛋糕，但絕對不容小覷。味道十分到位，各位務必試嚐。

CP值超高!! 牛排館推出的起司蛋糕

夏季限定的
桃子口味

① Butter Lane Bakery 的
Peach on Banana $3.25

滿滿香蕉的蛋糕裡，塞入帶有
淡雅香氣的桃子，看起來水嫩嫩
水嫩的！味道不會太甜，吃起
來也方便。

加入香蕉
的蛋糕

內部也使用了莓果
帶有荔枝的口味 :)

② Molly's Cupcakes 的
綜合莓果口味 $3.75

可愛到讓人覺得吃掉真是浪
費。將水果擺到微微酸甜的糖
霜上，令人看得心花怒放！

色彩繽紛！
口Size

③ Baked by Mellissa 的
Red Velvet $1.25

想吃稍微甜一點的時候，就會
忍不住買下這個小小Size的杯
子蛋糕。味道也有很多種。

yum-
yum

WE ♥
NYC'S BEST HITS
Cup cake

杯子蛋糕可說是NY的標誌，地
位難以撼動。現在的口味已經不
再像以前一樣那麼甜膩，也出現
越來越多味道完美、外觀可愛的
杯子蛋糕了！

④ Sprinkles Cupcakes 的
Triple Cinnamon $3.75

如同商品名稱所示，使用了
大量的肉桂。看起來分量很
大，不過糖霜跟蛋糕的味道
都很清爽。

外觀看起來很大一份
味道吃起來很清爽

令人上
癮的甜！

加了奶油
起司的糖霜
真可口～♡

⑤ Magnolia Bakery 的
Vanilla Vanilla $3.25

香草口味的杯子蛋糕加上香草
味的糖霜，徹頭徹尾的香草口
味。外觀不僅可愛，甜甜的味
道也足以讓人上糖。

⑤ Magnolia Bakery 的
Red Velvet $3.50

美國蛋糕的經典款
——加上滿滿白色糖霜
的紅色天鵝絨蛋糕。
苦苦的可可味和糖霜
的味道很合。

① *Butter Lane Bakery*
MAP P.178 F-5 東村
☎212- 677-2880 🏠123 E. 7th St.
（bet. 1st Ave. & Avenue A）🕐11:00~
22:00（週四~六~23:00）📍地下鐵搭
乘L線到1 Av站後步行約5分鐘

② *Molly's Cupcakes*
MAP P.177 B-1 格林威治村
☎212-414-2253 🏠228 Bleecker
St.（near Carmine St.）🕐8:00~
22:00（週一~12:00~、週五&六~
24:00、週日9:00~）📍地下鐵搭乘A、
B、C、D、E、F、M線到W 4 St-Wash
Sq站後步行約4分鐘

③ *Baked by Mellissa*
MAP P.181 C-1 曼哈頓中城
☎212-842-0220 🏠1585 Broadway
（bet. 47th & 48th Sts.）🕐8:00~
23:00（週六9:00~、週日10:00~）📍
地下鐵搭乘N、R、W線到49 St站後步行
約3分鐘

④ *Sprinkles Cupcakes*
MAP P.182 E-3 上東城
☎212-207-8375 🏠780 Lexington
Ave.（bet. 60th & 61st Sts.）🕐9:00~
21:00（週日10:00~20:00）📍地下鐵
搭乘4、5、6線到59 St站後步行約1分鐘

⑤ *Magnolia Bakery*
MAP P.182 E-4 上東城
☎212-265-5320 🏠1000 3rd Ave.
（Bloomingdale's內）🕐7:00~21:00
（週六&日8:00~20:00）📍地下鐵搭乘
N、R、Q、W線到Lexington Ave/59 St
站後步行約2分鐘

夏季限定☆菜單

塞滿當季水果!!

① Four & Twenty Blackbirds的
Strawberry Balsamic Pie $7

脆脆的皮加上滿滿水果的派廣受好評。店面雖然開在布魯克林郊區,但不少人會為了吃派而特地上門。

這就是美國人的派!!

純濃滋味在嘴中漫開的濃郁巧克力♥

② Petee's Pie Company的Salty
Chocolate Chess $30(完整)

美國家庭料理中不可或缺的派的專賣店。除了水果口味,照片中這種帶有鹹味的巧克力Chess派也很推薦大家吃吃看!

WE ♥
NYC'S BEST HITS

Baked goods

派與餅乾等美國的常見點心也務必嚐嚐。最近非常流行重視原料、輕甜口味的糕餅!

① *Four & Twenty Blackbirds*

MAP P.173 B-5 公園坡〔布魯克林〕
☎718-499-2917 🏠439 3rd Ave.(at 8th St.)◎8:00~20:00(週六9:00~、週日10:00~19:00)📍地下鐵搭乘F、G、R線到4 Av-9 St站後步行約3分鐘

② *Petee's Pie Company*

MAP P.176 E-3 下東城
☎212-966-2526 🏠61 Delancey St.(near Allen Sts.)◎11:00~24:00(週五&六~12:00)📍地下鐵搭乘F、J、M、Z線到Delancey St-Essex St站後步行約4分鐘

③ *Bubby's High Line*

→P.38

④ *Union Square Green Market*

MAP P.178 D-3 格拉梅西
☎212-788-7476 🏠Union Square W.(at 15th~17th Sts.at Park S.)◎8:00~18:00 🔒週二、四、日 📍地下鐵搭乘4、5、6、L、N、Q、R、W線到14 St-Union Sq站後步行約3分鐘

美國媽媽的味道

③ Bubby's High Line的
Crisp Apple Ginger
Pie $9

Bubby's最棒的派,現在也已經進軍日本了。薑味的脆口蘋果,跟微甜的醬料非常搭。別忘了加冰淇淋!

④ Union Square Green Market的
燕麥餅乾 $2.50~

Green Market裡面看到的任何烘焙坊都有賣的經典燕麥餅乾。雖然尺寸偏大,不過因為使用了有機食材,非常健康。

燕麥與葡萄乾♪♪

Matcha

近年來美國掀起一股 Matcha（抹茶）食品＆甜點的風潮，甚至可以說已經成為一種常見的口味了。

包裝也很可愛 ♥

crack pie

使用京都的宇治抹茶◎

① *MatchaBar*的 **抹茶拿鐵 $5.25**

這間咖啡廳為抹茶熱潮的先鋒。最基本的抹茶拿鐵，奶泡部分與清爽的抹茶味道很合。

④ *Momofuku Milk Bar*的 **Crack pie $5.50**

Momofuku的招牌甜點之一。「如Crack（毒品）一樣讓人吃上癮」的派，其實作法意外地簡單。

① *MatchaBar*

MAP P.179 B-3 雀兒喜
☎212-627-1058 🏠256 W. 15th St.（bet.7th & 8th Aves.）⊙8:00～19:00（週六&日10:00～）🚇地下鐵搭乘A、C、E、L線到14 St-8 Av站後步行約1分鐘

Photo:Matchabar

MATCHABAR

② *Cha Cha Matcha*

MAP P.176 D-3 諾利塔
☎646-895-9484 🏠373 Broome St.（bet. Mulberry & Mott Sts.）⊙8:00～19:00（週五8:00～20:00、週六9:00～20:00、週日9:00～）🚇地下鐵搭乘J、Z線到Bowerty站後步行約4分鐘

② *Cha Cha Matcha*的 拿鐵 $4.50

不僅有白巧克力、白摩卡等豐富的抹茶拿鐵種類，包裝也很適合拍照上傳分享，因此非常受歡迎。

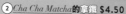

Cha Cha MATCHA

超適合拍照上傳IG ☆

有益身體健康 good

Kosher食物的 Sweets

③ *Bibble & Sip*

MAP P.183 B-5 曼哈頓中城
☎646-649-5116 🏠253 W. 51st St.（near 8th Ave.）⊙7:30～20:00（週六&日10:00～）🚇地下鐵搭乘C、E線到50 St站後步行約1分鐘

③ *Bibble & Sip*的 **抹茶奶油泡芙 $2.50**

掰開來看會發現裡頭滿滿的綿滑抹茶奶油，濃稠的口感讓人欲罷不能！

⑤ *William Greenberg desserts*的 **餅乾 $3.75～**

上東城一間甜點店的招牌。黑白各半的餅乾是基本款，不同季節還會推出不同顏色。餅乾意外地厚度十足，甜度也剛剛好！

Dominique Ansel Bakery

外表也很 CUTE♥

可頌甜甜圈 $5.75

雖然日本也吃得到，不過還是會想吃吃看名店的可頌甜甜圈Cronut®。可頌×甜甜圈的口感令人食指大動。

Dominique Ansel Bakery

MAP P.177 B-2 蘇活
☎212-219-2773 🏠189 Spring St.（Bet. Sullivan & Thompson Sts.）⊙8:00～19:00（週日9:00～）🚇地下鐵搭乘C、E線到Spring St站後步行約2分鐘

巧克力豆餅乾shot $4.75

杯子形狀的巧克力豆餅乾裡加入牛奶，一口吃下。

Drink or Eat？

④ *Momofuku Milk Bar*

MAP P.178 F-4 東村 ☎347-577-9504 🏠251 E.13th St.（bet.3rd & 2nd Aves.）⊙9:00～24:00（週五&六～凌晨1:30）🚇地下鐵搭乘L線到3 Av站後步行約9分鐘

⑤ *William Greenberg desserts*

MAP P.173 A-2 上東城
☎212-861-1340 🏠1100 Madison Ave.（bet. 82nd & 83rd Sts.）⊙8:00～18:30（週六～18:00、週日10:00～16:00）🚇地下鐵搭乘4、5、6線到86 St站後步行約9分鐘

Photos:Thomas Sehauer

NEW YORK 24 HOURS

Afternoon Tips

下午當然也要血拼一波。從NY當地品牌專店到百貨公司、飾品店，
可以買的東西數也數不完。抓住重點的話就能買得既有效率、又開心！

DEPARTMENT STORES

"在百貨公司使用折價券真划算！"

從高級品牌服飾到禮品，包山包海的百貨公司可是血
拼時的超級好朋友。而NY的2大百貨公司也有不少優
惠的服務。只要到館內的訪客中心出示護照，就能夠
獲得9折折價券。有這種服務當然要善加利用！

Macy's

不愧是號稱擁有世界最
大賣場面積的百貨公
司，裡頭真的寬敞得不
得了！內部有許多咖啡
廳，1整天耗在裡頭也
不是問題。折價券有效
期限為30天。
MAP P.181 C-4 曼哈頓中城
☎212-695-4400 ♠151 W.
34th St.（bet. 6th & 7th
Aves.）

紅底白星的商標。這裡也
販售很多以NY為主題的
原創商品。

Bloomingdale's

其暱稱Bloomee的名
聲非常響亮。雖然是一
間時髦的高級百貨，但
卻給人一股親民的感
覺。折價券有效期限為
1天。蘇活分店有許多
最流行的品牌，一定要
去逛逛！
MAP P.182 E-4 上東城
☎212-705-2000 ♠1000
3rd Ave.（at 59th St.）

模仿店內紙袋做成的包
包，還有許多帶著圖案
的時尚商品。在當地也
非常受歡迎。

little
brown
bag

NY BRANDS

"還是想買！NY品牌大觀園"

時尚之都NY發展出許多的品牌，雖然很多都是國內也耳熟能詳
的世界級品牌，不過去逛的話就可以早一步買到新產品，而
且種類也更多，再加上店內裝潢與氣氛更是不同凡響。這裡我們
把逛的重點放在蘇活地區！

Alexander Wang

MAP P.177 C-3
蘇活

雖然加入街頭風元
素，仍保有高貴典
雅的感覺。

Theory

MAP P.177 C-3
蘇活

NY的OL愛用品
牌。商品特色為簡
約且優雅的設計。

Kate Spade

MAP P.177 C-3
蘇活

俏皮可愛的包包，
吸引時尚女子的目
光。

Coach

MAP P.182 D-4
曼哈頓中城

品質與美感兼備的
皮製品是萬年招牌
單品。

Rebecca Minkoff

MAP P.177 C-2
蘇活

不僅包包，就連服
裝也使用了大膽的
配色，目前人氣急
速上升。

Michael Kors

MAP P.177 C-3
蘇活

都會感設計以及功
能性十足，因而大
獲好評。商品的顏
色也很多樣化。

Anna Sui

MAP P.177 C-3
蘇活

充滿以玫瑰和蝴蝶
等物為主題的東方
風商品。

Diane von Furstenberg

MAP P.179 A-3
肉品加工區

以過去紅遍一時的
Wrap Dress為
主，充滿了許多華
麗的服飾。

Marc Jacobs

MAP P.177 C-2
蘇活

他們推出的商品一
貫呈現具獨特審美
觀的高檔時尚風
格。

Rag & Bone

MAP P.177 C-2
蘇活

名人也愛，既時尚
又酷的成熟休閒服
飾。

TIPS FOR SHOPPING

『行前須知的各種購物規範』

NY充滿各種名牌品、特色商品，任君挑選。想在這樣的購物天堂盡情血拚，有些好康情報不可不知。在介紹之前，別忘了進入店裡時先和店員打招呼（Hi或Hello就可以了）。當然，記得你的笑容！

HOLIDAY SALES

很多店家幾乎每個月都會配合節日舉辦促銷活動，不過比較盛大的促銷活動有下面4個。其中11月下半到1月上旬是我們鎖定的期間，特別是聖誕節一結束，許多商品都會有更多折扣！

- ☑ 1月 …… 新年促銷
- ☑ 7月 …… 獨立紀念日促銷
- ☑ 11月 …… 感恩節促銷
- ☑ 12月 …… 聖誕節促銷

Tax

NY的稅率為8.875%，不過未達$110的服飾與鞋子不須繳稅。就算消費總額超過$110，只要單一品項價格沒超過$110就不會課稅。這是則好消息沒錯，不過注意別買過頭了！

Fitting

有些衣服的實際尺寸可能跟上頭標示的感覺不太一樣，也有些衣服的車工很粗糙，所以購買之前一定要試穿確認過。試衣間大排長龍時，盡量把要試穿的一次試完，不過有些店家會限制單次試穿件數。

Returns

每間店的規定（收據背面會寫）不同，不過只要有收據的話，退換貨其實簡單到不行。所以也可以先把看順眼的東西買下來，之後覺得不喜歡的話再退掉就好。不過最後出清的商品則不適用。

HAPPY HOURS

『在優惠時段來一杯！』

酒吧會在外頭放一張寫著Happy Hours的招牌，別忘了確認一下！

有些餐廳和酒吧會有一段時間提供半價或買1送1服務，這種時段稱作Happy Hours，大多是平日的16～19點前後，千萬別錯過囉！

ACCESSORIES

『女人味UP! Made in NY的飾品』

飾品是時尚的重點，好的穿搭絕對不能漏了它。品味超好的NY製飾品，即使小小一個也超吸睛，一定能更加提升女人味！而且流行感也十足。

Catbird

許多小寶石充斥著店內，感覺就像一個珠寶盒，令人著迷得流連忘返。
MAP P.184 E-4 威廉斯堡
☎718-599-3457 ⌂219 Bedford Ave.(bet. N. 4th & N. 5th Sts.)

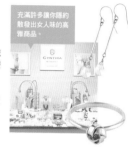

充滿許多讓你隱約散發出女人味的高雅商品。

Cynthia Rybakoff

高雅的女性飾品，只要戴上一件就能讓穿搭麻雀變鳳凰。
MAP P.179 A-3 肉品加工區
☎718-599-3457 ⌂88 10th Ave.(at 15th St.)雀兒喜市場內
Photos:Cynthia Rybakoff

Brooklyn Charm

可以自行挑選裝飾物與基底，打造自己專屬的原創飾品。
MAP P.184 E-3
威廉斯堡〔布魯克林〕
☎347-689-2492 ⌂145 Bedford Ave.(at N. 9th St.)

E-RECEIPT

$14.43

『最近E-receipt的使用率遽增』

E（電子）-receipt是一種電子收據系統，刷卡結帳時在觸控螢幕上輸入電子信箱，收據就會直接傳到你的信箱裡。如果一直用同一張卡結帳，刷第2次開始就不用輸入信箱了。

New York the best time

AT
Night

18:00 - 21:00

因應季節不同，在這個時段想做的事情、能
做的事情完全不一樣。也有些景象必須視天
候條件才看得到，不過可以的話，一定要看
看日落時分的漸層天空漸漸轉變成閃閃發亮
夜景的過程。

享受夜景與雞尾酒！
NY特有的絕景空間

雖然觀景台也不錯，但如果想端著雞尾酒，優雅地享受夜景，那可以到高空酒吧。酒吧不須訂位，不過有店冬天也都有營業，也準備些地方在服裝上有一些規定（例如左頁上面2間。230Fifth是只有週五&六晚上有規定），但基本上半正式休閒風的服裝都沒問題。另外，這邊介紹的5間了一些如毛毯之類的禦寒措施，不過如果想體會屋頂上的開闊感，還是建議夏天去。進店前要先確認年齡身分，所以記得先準備好護照。

Refinery Rooftop

名流藝人也會順道來坐坐

位於帽子工廠改建成的時髦旅館13樓，不少時尚界名流也會光顧。在這裡可以同時享受到時尚的氛圍，以及美麗的夜景。

MAP P.180 D-3 曼哈頓中城
☎646-664-0372 🏠63 W. 38th St.（near 6th Ave.）Refinery Hotel內 ⊙11:30~凌晨1:00（週五~凌晨3:00、週六&日12:00~）📍地下鐵搭乘B、D、F、M線到42 St-Bryant Pk站後步行約4分鐘

★★★ 有些酒吧白天也有營業，如果是獨自旅行的話，那種店應該比較能讓人安心前往。

加了松露的焗烤通心粉。$14

人氣熱門飲品。Chrysler $18

Upstairs at the Kimberly

奢華的空間、奢華的夜景

位於精品酒店30樓的高級酒吧，望著克萊斯勒大廈和東河，點杯原創雞尾酒，乾杯！週末的早午餐也很受歡迎。
MAP P.182 E-5 曼哈頓中城
☎212-888-1220 ♠145 E. 50th St.（bet. 3rd & Lexington Aves.）Kimberly Hotel內 ○17:00〜凌晨2:00（週一〜24:00、週二&三〜凌晨1:00、週六12:00〜23:00）♥地下鐵搭乘6線到51 St站後步行約2分鐘

230 Fifth

在NY最大的屋頂上看夜景看個過癮

從20樓室內豪華套房上的超寬廣空間看出去，可以盡情觀賞同樣矗立於第五大道上的帝國大廈。週一〜五16〜19點的Happy Hours去的話較划算。
MAP P.178 D-1 格拉梅西
☎212-725-4300 ♠230 5th Ave.（at 27th St.）○14:00〜凌晨4:00（週六&日10:00〜）♥地下鐵搭乘R、W線到28 St站後步行約3分鐘

Top of the Strand

正對帝國大廈！

萬豪國際集團旗下飯店21樓的休閒場所，不管觀光客還是在地人都非常喜愛。高聳的帝國大廈正在眼前，十分有魄力。平日最好挑剛開店的時候就進去。
MAP P.180 D-3 曼哈頓中城
☎646-368-6426 ♠33 W. 37th St.Marriott Vacation Club Pulse Hotel內 ○17:00〜凌晨1:00（週日〜一〜24:00）♥地下鐵搭乘B、D、F、M、N、Q、R、W線到34 St-Herald Sq站後步行約5分鐘

加入現採小黃瓜的雞尾酒。$17

Gallow Green

在超熱門表演的展演設施屋頂

超熱門表演《Sleep No More》展演設施7樓的隱藏空間。雞尾酒的部分會使用庭園栽種的蔬菜和水果。11〜3月的時候，裝潢會變成小木屋風。
MAP P.179 A-1 雀兒喜
☎212-564-1662 ♠542 W. 27th St.（bet. 10th & 11th Aves.）○17:00〜23:00（週五〜凌晨1:00、週六11:00〜凌晨1:00、週日〜23:00）♥地下鐵搭乘7線到34 St-Hudson Yards站後步行約9分鐘

Photos:Refinery Rooftop, 230Fifth, Upstairs at the Kimberly, Gallow Green, Top of the Strand

19:00 夏天活力十足、冬天羅曼蒂克

不同季節竟有如此差異！

SUMMER

Brooklyn Bridge Park
布魯克林大橋公園

享受美景與活動！

橋下一片美景，簡直就像一張明信片上的圖案。夏天時，公園內會舉辦多采多姿的免費活動，如瑜珈課程、電影欣賞。開放時間為6:00～凌晨1:00（不同季節、不同設施各異）

MAP P.185 A-1 丹波〔布魯克林〕
📍地下鐵搭乘A、C線到High St站後步行約4分鐘

Brooklyn Museum
布魯克林博物館

每月第一個星期六最熱鬧

每月第1個週六（9月除外）的17:00～23:00可以免費入館，館內會舉辦舞會、音樂會等活動。許多當地居民都會參與，熱鬧非凡。

MAP P.173 C-5 展望公園〔布魯克林〕
☎718-638-5000 🏠200 Eastern Pkwy.（near Mary Pinkett Ave.）⏰11:00～18:00（週四、五22:00）※第1個週六～23:00 🔒週一、二 💲成人$16（第1個週六17:00～23:00免費）📍地下鐵搭乘2、3線到Eastern Pkwy–Brooklyn Museum站後步行約1分鐘

Bryant Park
布萊恩特公園

一年到頭都可以享受的都市綠洲

位於商業區核心的公園，夏天會舉辦瑜珈課程和音樂會等活動。冬天則有滑冰與假日市集。

MAP P.180 D-3 曼哈頓中城 🏠東西範圍5th Ave.～6th Ave.，南北範圍40th St.～42nd St. ⏰7:00～24:00（週六&日～23:00）冬天時間不同 📍地下鐵搭乘B、D、F、M線到42 St–Bryant Pk站後步行約1分鐘

Long Island City
長島市

遠眺曼哈頓中城的摩天大樓！

東河旁的一大片河濱公園，可以正面看見聯合國總部和克萊斯勒大廈！參加免費瑜珈課程，或是享受野餐都很有趣！

MAP P.173 B-2 長島市（皇后區）
地下鐵搭乘7線到Vernon Blvd-Jackson Av站後步行約7分鐘

★ ★ ★ 可免費參與的活動詳情請上官方網站查詢

WINTER

Rockefeller Center

洛克斐勒中心

不容錯過的冬天必去景點

這裡的聖誕樹和滑冰人群可是冬天感十足
的景象。聖誕樹擺設時間為11月下旬～1月
上旬，滑冰開放時間則是10月初～4月中
旬的8:30～24:00。

MAP P.180 D-1 曼哈頓中城
☎212-332-6868 ✿45 Rockefeller Plaza（bet.
5th & 6th Aves.）▶地下鐵搭乘B、D、F、M線到
47-50 Sts.- Rockefeller Ctr站後步行約3分鐘

**夏天冬天不同面貌
但都特色十足！**

NY自5月最後一個星期
一的「陣亡將士紀念日」之
後，便正式進入夏季。日落
時間差不多在晚上8點～8
點半左右，白天時間更長，
整座城市活力煥發。許多公
園都會舉辦音樂會和播映電
影等多采多姿的免費活動，
這也是夏天的魅力。而11
下旬，洛克斐勒中心的聖誕
樹點燈之後，就來到了年末
假期整座城市晚上燈火通
明，和說是最羅曼蒂克的季
節了。假日市集和第5大道
上各間百貨的展示櫥窗也是
這段時期的知名景象。NY
的夏天與冬天具有不同的面
貌，不過「不管哪一種都有
趣！」

121

百老匯？外百老匯？

必看的 11 部 精選作品

★★★
★★☆
ENGLISH **★★☆**

女巫前傳

Wicked
@Gershwin Theatre

終極娛樂大作！

華麗的服裝與舞台裝置，歌舞的看點也很多，簡直可以說是音樂劇的典範。這部作品中敘述了《綠野仙蹤》裡面的北方女巫Galinda與西方女巫Elphaba的友情，以及Elphaba之所以被稱作壞女巫的緣由。

MAP P.183 B-5 曼哈頓中城
☎877-250-2929 ♠222 W. 51st St.（bet. Broadway & 8th Ave.）◎19:00～（週三有時14:00～、週五20:00～、週六14:00～與20:00～、週日15:00～）⊟週一 ♠地下鐵搭乘、E線到50 St站後步行約2分鐘

好想看上一次！
世界最頂尖舞台劇

既然來到紐約，音樂劇肯定是非看不可。就算原本在國內沒什麼興趣，也建議各位當作被騙一次，去觀賞一回看看。相信你一定會深深折服於現場的舞台魅力。

我們必須先了解，音樂劇還分成On跟Off兩種。On-Broadway（百老匯）為在時代廣場劇院區500席以上的大劇院內上演的主要作品。而Off-Broadway（外百老匯）則是在499席以下的小劇院內上演的戲劇，不僅上演場所多樣化，也很多實驗性的作品。

門票可以到各作品官方網站或是劇場的Box Office（售票窗口）購買，不過利用販賣折扣券的TKTS（時代廣場等地共有4間店）或是手機app TodayTix 也能以

WHY GO?

獲得東尼獎11座獎項與普立茲獎。時代寵兒的天資嶄露無遺！

7
8
9
10
11
12
13
14
15
16
17
18
19

20

21
22
23
0

ENGLISH ★ ☆ ☆
★ ★ ★
★ ★ ★

漢米爾頓

Hamilton
@Richard Rodgers Theatre

天才創作者的話題劇作

娛樂界的風雲人物Lin-Manuel Miranda作詞、作曲、編劇，以說唱跳舞方式來描述美國開國功臣Alexander Hamilton的生平。因為作品太受歡迎，導致一票難求。

MAP P.181 C-1 曼哈頓中城
☎877-250-2929 🏠226 W. 46th St.（bet.Broadway & 8th Ave.）◎19:00～（週三14:00～與20:00～、週五20:00～、週六14:00～與20:00～、週日15:00～）🔒週一 ◎地下鐵搭乘N、R、W線到49 St站後步行約5分鐘

──── Need to know ────

應著服裝？
雖然不需要盛裝打扮，但至少要是乾淨整齊的半正式休閒裝。

事先預習故事內容
事先看過故事大綱，觀賞途中把注意力放在歌舞與服裝、燈光上。

飲食規定？
劇場內不可飲食。休息時間可以到大廳的飲食吧吃吃喝喝。

早一點到場
很多時候可到到了劇場，卻發現已經大排長龍，所以盡量提早20～30分鐘到場。

還可以試試看線上填單抽票（Lottery）。

觀賞完後到劇場的後台出口就定位，戲劇結束大約10分鐘後，演員們就會走出來。他們都會親切地替你簽名，也會和你合照喔♪

123
Photos:Joan Marcus

Kinky Boots @Al Hirschfeld Theatre

原作為英國喜劇電影，
描述快倒閉的製鞋廠靠
變裝皇后製作靴子的過
程。音樂部分由Cyndi
Lauper編製。

★ ★ ★
★ ★ ☆
ENGLISH

MAP P.181 B-2 曼哈頓中城
🏠302 W. 45th St.（bet. 8th & 9th Aves.）📍地下鐵搭乘A、C、E線
到42 St–Port Authority Bus Terminal站後步行約4分鐘

School of Rock @Winter Garden Theatre

明星小學的代課老師與
精英學童們組成搖滾樂
團。這是改編自電影的
舞台劇作品，可以享受
到演唱會的氛圍。

★ ★ ★
★ ★ ☆
ENGLISH

MAP P.183 C-5 曼哈頓中城
🏠1634 Broadway（bet. 50th & 51st Sts.）📍地下鐵搭乘1線到50 St站
後步行約1分鐘

歌劇魅影
The Phantom of the Opera @Majestic Theatre

1988年起持續刷新最
長檔期，歷久不衰的名
作。用淒美的音樂，點
綴住在巴黎歌劇院裡的
怪人與歌姬的苦戀故
事。

★ ★ ★
★ ★ ☆
ENGLISH

MAP P.181 C-2 曼哈頓中城
🏠245 W. 44th St.（bet. 7th & 8th Aves.）📍地下鐵搭乘A、C、E
線到42 St–Port Authority Bus Terminal站後步行約1分鐘

獅子王
The Lion King @Minskoff Theatre

女性舞台藝術家將迪士
尼電影名作搬上舞台，
搭配艾爾頓強的音樂，
描繪動物王國非洲的磅
礡魄力。

★ ★ ★
★ ★ ☆
ENGLISH

MAP P.181 C-2 曼哈頓中城
🏠200 W. 45th St.（at Broadway）📍地下鐵搭乘N、R、W線到49 St
站後步行約5分鐘

芝加哥
Chicago @Ambassador Theatre

故事背景設定在1920
年代的芝加哥，描述2
立女性殺人犯竄升為明
星的故事。Bob Fosse
所編排的舞蹈動作極為
挑逗，是可看之處。

★ ★ ★
★ ★ ☆
ENGLISH

MAP P.181 C-1 曼哈頓中城
🏠219 W. 49th St.（bet. Broadway & 8th Ave.）
📍地下鐵搭乘1線到50 St站後步行約2分鐘

阿拉丁
Aladdin @New Amsterdam Theatre

耳熟能詳的故事《阿拉
丁神燈》，利用舞台裝
置將神秘的魔法世界帶
到現實。是一部闔家歡
的魔幻作品。

★ ★ ★
★ ★ ☆
ENGLISH

MAP P.181 C-2 曼哈頓中城
🏠214 W. 42nd St.（bet. 7th & 8th Aves.）📍地下鐵搭乘1、2、3、7、
N、Q、R、S、W線到Time Sq–42 St站後步行約1分鐘

紐約節拍
Stomp @Orpheum Theatre

演檔期超過20年的
外百老匯作品。使用垃
圾桶和抹布等日常用
品，做出一段又一段力
道十足的演奏。

★ ★ ★
★ ★ ☆
ENGLISH

MAP P.178 F-5 東村
🏠126 2nd Ave.（bet. E. 7th St. & St. Marks Pl.）
📍地下鐵搭乘6線到Astor Pl站後步行約5分鐘

致伊文漢森
Dear Evan Hansen @Music Box Theatre

從外百老匯晉升百老
匯，2017年的東尼獎
話題大作。由《樂來樂
愛你》的音樂製作拍檔
所編製的樂曲吸引了不
少注意。

★ ☆ ☆
★ ★ ★
ENGLISH

MAP P.181 C-2 曼哈頓中城
🏠239 W. 45th St.（bet. Broadway & 8th Ave.）📍地下鐵搭乘A、
C、E線到42 St–Port Authority Bus Terminal站後步行約5分鐘

At **Night** (18:00-21:00)

★ ★ ★ 注意，時差還沒調過來就去觀賞音樂劇的話可能會打盹。

戴上白色面具 體驗衝擊場景！

《Sleep No More》自2011年開始上演，一開始是期間限定演出，不過因為太受歡迎，所以加演再加演，變成了常設的Immersive Theatre（體驗式劇場）。Immersive的意思為「沉浸」，指觀眾會徹底浸淫其中的親身體驗型表演。

這部作品的故事發生在雀兒喜的一間廢棄旅館（劇情設定）。進到旅館後必須先寄放行李，並拿取一張撲克牌。穿過昏暗的迷宮，抵達酒吧後，會有人叫號，每個人依據自己手上的撲克牌點數分批搭電梯。換句話說，這裡會拆散你跟你的同伴……

「走掉了嗎？」

這句話是信號 超火紅體驗式劇場

"Sleep No More

我來啦！

加上，他們會發放白色面具，所有觀眾將化身為面容被遮掩的目擊證人。走出電梯後就可以自由行動了，接著就開始跟著演員跑，觀看大約100間房間裡頭的衝擊性場景吧。雖然劇情是改寫自莎士比亞的《馬克白》，不過演員基本上是沒有台詞的，所以有些場景可能很難理解，但反過來說也能最大限度刺激你的想像力。這真的就像是「親身體驗」眼前發生的場景，非常具有臨場感。你可以依照自己的步調逛，並決定在什麼時候打住，不過可千萬別錯過地下室晚宴的那一幕喔！

不眠之夜

Sleep No More
@Mckittrick Hotel

演了再演的奇妙體驗

英國劇團所製作，令人耳目一新的表演藝術。消弭演員與觀眾間的隔閡，不同人看、不同次看都有不一樣的體驗，這就是它受歡迎的秘密。大約會走上2小時，所以記得穿上便於行走的鞋子。

MAP P.179 A-1 雀兒喜
☎212-904-1880 ⌂530 W. 27th St.（bet. 10th & 11th Aves.）⏰19:00～20:00每15分鐘入場一次（週五23:00～24:00也是每15分鐘入場一次。週六17:00～18:00與21:00～22:00每15分鐘入場一次。不同時期有所調整）🚇地下鐵搭乘J線到34 St-Hudson Yards站後步行約9分鐘

Photos:Matthew Craig, Robin Roemer, Yaniv Schulman

Best time!
21:00

全美連鎖超市
為什麼你該去 Target 看看

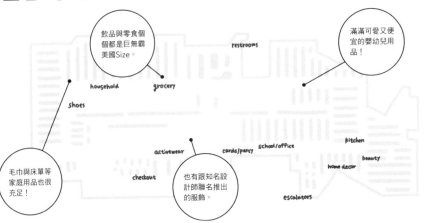

飲品與零食個個都是巨無霸美國Size。

滿滿可愛又便宜的嬰幼兒用品！

restrooms

household　　grocery

shoes

毛巾與床單等家庭用品也很充足！

activewear　　cards/party　　school/office

checkout

也有跟知名設計師聯名推出的服飾。

kitchen

beauty

home decor

escalators

MUST IT
該去逛逛的理由
3

1 CP值優良的多種商品

商品便宜又可愛，品項也豐富。其中廚房用品、糖果也很適合拿來當伴手禮。

2 派對用品超可愛！

不僅有卡片、紙盤，還有色彩繽紛的紙巾、彩旗以及蠟燭，應有盡有。

3 一堆大型店鋪開開心心逛逛看看

就算沒有要買什麼生活必需品，光是逛逛就很開心了。也記得體驗一下自助結帳喔。

**什麼都有、什麼都賣
超大型折扣超市**

紐約雖然有很多美食商店和折扣商店，但很少看到夏威夷那種規模龐大的大型折扣超市。因此，這間Target可是十分稀有的存在。不僅有食品、雜貨、化妝品、服飾、家庭用品、家電等各式各樣的商品一應俱全，喜歡逛超市的人肯定欲罷不能。你還能以划算的價格，買到他們跟知名設計師聯名推出的服裝，所以當然非去不可。紐約的分店之中，布魯克林共有2間店，曼哈頓則有4間店，全都開到半夜12點，可以在觀光過後進去逛一逛。

LOVE LOVE LOVE

Target

1 畫著甜點圖案的紙盤。$1.99 **2** 主場就在一旁的NBA籃網隊T恤。$9.99 **3** 原創T恤。$9.99 **4** 帶著淡淡蘋果香的抗菌洗手乳。$9.94 **5** PURE LEAF的薄荷茶。$6.99 **6** 日本也熟悉的瑞士蓮巧克力新產品。$9.99 **7** 最適合拿來塗在吐司上的nutella。$4.99 **8** 避免不小心吃太多的堅果，1包100卡路里。$4.99 **9** NY店原創卡片。$1.99

Other Stores

Brooklyn Atlantic Terminal
MAP P.173 B-4 布魯克林中心〔布魯克林〕
☎718-290-1109 ♠139 Flatbush Ave.（near Atlantic Ave.）Atlantic Terminal Mall内 ⏰8:00～24:00
♥地下鐵搭乘2、3、4、5、B、D、N、Q、R線到 Atlantic Av-Barclays Center站後步行約1分鐘

Tribeca
MAP P.175 B-1 翠貝卡
☎917-438-2214 ♠255 Greenwich St.（bet. Murray St. & Park Pl.）⏰7:00～23:00 ♥地下鐵搭乘1、2、3線到Chambers St後步行約3分鐘

Brooklyn Fulton St.
MAP P.173 B-4 布魯克林中心〔布魯克林〕
☎929-397-2864 ♠445 Albee Square W.（bet. Willoughby & Dekalb Aves.）City Point内 ⏰7:00～24:00 ♥地下鐵搭乘B、N、Q、R線到Dekalb Av站後步行約1分鐘

Under $30

NY的飲食文化多元性與物價都是世界首屈一指，不過儘管放心，只要餐點選擇夠聰明，你也可以花不到30美元就享受這種等級的美食！

①*Mighty Quinn's Barbeque*的
肋排 **$10.45（單人份）**

單人分量讓你簡單就能享用到最正統的BBQ。旁邊的配菜可以自己挑選。

醃菜

鮮嫩多汁的肉

分量充足
2人共享
也很滿足 ♥♥

① *Mighty Quinn's Barbeque*

MAP P.178 F-5 東村
☎212-677-3733 🏠103 2nd Ave. ◷
11:30～23:00（週五&六～24:00）♀地
下鐵搭乘6線到Astor Pl站後步行約7分鐘

② *Grand Central Oyster Bar & Restaurant*

MAP P.180 E-2 曼哈頓中城 ☎212-490-
6650 🏠89 E. 42nd St.（Grand
Central Terminal內）◷11:30～21:30 ♀
地下鐵搭乘4、5、6、7、S線到Grand
Central-42 St站後步行約1分鐘

③ *Maison Premiere*

MAP P.184 E-5 威廉斯堡〔布魯克林〕
☎347-335-0446 🏠298 Bedford Ave.
（bet. Grand & S. 1st Sts.）◷14:00～
23:00（週五～24:00、週六11:00～
24:00、週日11:00～）♀地下鐵搭乘L線
到Bedford Av站後步行約8分鐘

②*Grand Central Oyster Bar & Restaurant*的
新英格蘭蛤蠣巧達湯 $7.95

蛤蜊滿滿的濃厚巧達濃湯，喝起來很有飽足感。另外也推薦番茄湯底製作的曼哈頓蛤蜊巧達湯$7.95。

③*Maison Premiere*的
牡蠣1顆 $2.45～

滿滿的新鮮牡蠣，再點杯當地特產苦艾酒。牡蠣較便宜的時段為週一～五16:00～19:00以及週六&日11:00～13:00的Happy Hour，雖然會人擠人，但還是瞄準這個時段去吃較划算。

⑤North End Grill的
散養雞腿 $36~

知名餐廳經營者Danny Meyer的燒烤料理店。女主廚融合法國料理元素所製作的肉類料理深受顧客喜愛。招牌的雞腿一定要配著葡萄酒吃。

分量滿滿！

雖然這間店以肉類料理聞名，不過用蝦子、扇貝、龍蝦製成的海鮮香腸也赫赫有名。沾上味道濃郁的奶油醬，非常下酒。

④Breslin Bar & Dining Room的
海鮮香腸 $21

純粹美式風的各式餐點

外酥
肉多汁

⑥Red Rooster的
Mac and Greens $19

星級主廚Marcus Samuelsson經營的人氣餐廳。撒上滿滿切達起司的焗烤通心粉是美國人的最愛，再搭配綠葉甘藍一起吃。

⑦Bar Primi的義大利細麵 $16.75

知名義大利麵專賣店的人氣餐點，滿滿的大蒜與麵包粉和麵條拌在一起。用料簡單，使得他們引以為傲的麵條充分發揮了本身的風味。

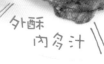

bread crumbs ▽▽
（麵包粉）撒上去

雖然簡單味道卻十分有深度

---

④ *Breslin Bar & Dining Room*

MAP P.180 D-5 格拉梅西
☎212-679-1939 🏠16 W. 29th St.（bet. Broadway & 5th Ave.）◯7:00〜23:00（週四〜六〜24:00）♥地下鐵搭乘N、R、W線到28 St站後步行約2分鐘

⑤ *North End Grill*

MAP P.175 B-1 曼哈頓下城
☎646-747-1600 🏠104 North End Ave.（bet. Vesey & Murray Sts.）◯11:30〜22:00（週五〜22:30、週六11:00〜22:30、週日11:00〜21:00）♥地下鐵搭乘1、2、3線到Chambers St站後步行約8分鐘

⑥ *Red Rooster*

MAP P.173 A-1 哈林
☎212-792-9001 🏠310 Lenox Ave.（bet. 125th & 126th Sts.）◯11:30〜22:30（週五〜23:30、週六10:00〜23:30、週日10:00〜22:00）♥地下鐵搭乘2、3線到125 St站後步行約2分鐘

⑦ *Bar Primi*

MAP P.176 D-1 東村
☎212-220-9100 🏠325 Bowery（near E. 2nd St.）◯11:30〜23:00（週五〜24:00、週六10:00〜24:00、週日10:00〜）♥地下鐵搭乘F線到2 Av站後步行約4分鐘

Photos:Melissa Hom, Schenck Graciano, Grand Central Oyster Bar & Restaurant, Maison Premiere, Breslin Bar & Dining Room, North End Grill Red Rooster, Bar Primi

Beastmaster
$19
誠心推薦！
Margherita
$16

①*Roberta's*的披薩
$13～

以柔軟麵皮為特色的拿坡里式披薩。從簡單的Rosso到加了墨西哥辣椒的Beastmaster，不管點哪種都好吃！

請店員Toss(攪拌)
味道更GOOD！

②*Sweetgreen*的
Mexican Corn Elote Grain Bowl（沙拉）
$10.35

全美皆設有店鋪的沙拉專賣店。沙拉中使用了芝麻葉、藜麥、玉米、羊奶起司等材料，營養非常均衡！

WE ♥
NYC'S BEST HITS

Under $20

這些餐點厲害的地方，在於看起來十分豪華，讓人不敢相信竟花不到20美元。本頁精選4種滿足眼睛又滿足胃的超幸福美食！

將市場的魚
炸得酥酥脆脆
玉米墨西哥薄餅
柑橘風味的
涼拌高麗菜

③*Greenpoint Fish & Lobster*的
鮮魚墨西哥捲餅 $12

時髦海產店內的餐廳。炸白肉魚和勁辣萊姆美乃滋味道很搭，也非常合日本人的胃口。

④*Amy Ruth's*的**The Tommy Tomita $17.95**

哈林區的必吃靈魂美食。酥脆的炸雞翅與格子鬆餅的特殊搭配。

淋上楓糖
才是
哈林流吃法

① *Roberta's*

MAP P.185 A-3
布希維克〔布魯克林〕
☎718-417-1118 🏠261 Moore St.（bet. Bogart & White Sts.）🕘11:00～24:00（週六&日10:00～）📍地下鐵搭乘L線到Morgan Av站後步行約2分鐘

② *Sweetgreen*

MAP P.180 D-5 格拉梅西
☎646-449-8884 🏠1164 Broadway（bet. 27th & 28th Sts.）🕘10:30～22:00 📍地下鐵搭乘N、R、W線到28 St站後步行約1分鐘

③ *Greenpoint Fish & Lobster*

MAP P.184 E-2 綠點〔布魯克林〕
☎718-349-0400 🏠114 Nassau Ave.（bet.Eckford & Leonard Sts.）🕘12:00～21:30（週五～22:30、週六11:00～22:30、週日11:00～）📍地下鐵搭乘G線到Nassau Av站後步行約3分鐘

④ *Amy Ruth's*

MAP P.173 A-1 哈林
☎212-280-8779 🏠113 W. 116th St.（bet. Adam Clayton Powell Jr. & Malcolm Lenox Ave.）🕘8:30～23:00（週日11:00～、週五&六～凌晨5:00、週一7:30～）📍地下鐵搭乘2、3線到116 St站後步行約1分鐘

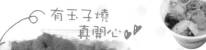

有玉子燒
真開心♡

WE ♥
NYC'S BEST HITS

Under $10

便宜、快速、好吃，三位一體的4樣精選優良美食。因為這些都是速食，不需要支付小費，這一點也很加分！

①*Woorijip Korean Restaurant*的 辣炒青菜豬肉 $6.50

韓式快餐店的便當菜，種類很多。特別是用苦椒醬拌炒的豬肉跟青蔥，辣得剛剛好，令人不住一口口扒入菜下面的飯。

②*Vanessa's Dumpling House* 的高麗菜豬肉水餃 $4

唐人街與威廉斯堡皆有開設的知名水餃店。8顆才這個價錢！水餃共有9種，也可以點一份綜合口味 $5.50。

FRESH!! ☺

下面藏著
雞肉飯…♡

① *Woorijip Korean Restaurant*

MAP P.180 D-5 曼哈頓中城
☎212-244-1115 🏠12 W. 32nd St.
（bet. 5th Ave. & Broadway）◷8:00～
凌晨3:00 ♀地下鐵搭乘B、D、F、M、
N、Q、R、W線到34 St-Herald Sq站後
步行約4分鐘

② *Vanessa's Dumpling House*

MAP P.184 E-5 威廉斯堡〔布魯克林〕
☎718-218-8809 🏠310 Bedford Ave.
（near S. 1st St.）◷12:00～23:00（週
五&六～24:00）♀地下鐵搭乘L線到
Bedford Av站後步行約8分鐘

③ *Halal Guys*

MAP P.183 C-5 曼哈頓中城
☎347-527-1505 🔺53rd St.& 6th Ave.
的西南方 ◷10:00～凌晨4:00（週五&
六～凌晨5:30）♀地下鐵搭乘B、D、E線
到7 Av站後步行約2分鐘

④ *Curry in a Hurry*

MAP P.180 E-5 格拉梅西
☎212-683-0900 🏠119 Lexington Ave.
（at 28th St.）◷11:00～22:00 ♀地下
鐵搭乘6線到28 St站後步行約2分鐘

③*Halal Guys*的 雞肉飯拼盤 $7.99

希爾頓酒店前面大排長龍的人氣攤販。淋上大量的特製白醬，美味再加倍！

皮塔餅

④*Curry in a Hurry*的 瑪莎拉咖哩雞 $10.50

印度人街裡頭的咖哩速食店。充滿各種香料的瑪莎拉咖哩雞好吃得不得了，可以選擇配飯或配麵，而且沙拉吧可以無限續碗！

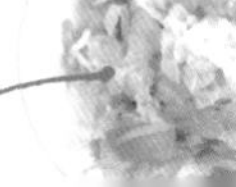

滿滿的香料

附設沙拉吧

配飯or
配麵

NEW YORK 24 HOURS

講到NY的夜晚，首先一定要想到爵士。還有前所未有的新體驗遊覽公車
以及週末的美術館，最後再到酒吧喝上兩杯！度過戲劇般的夜晚☆

JAZZ SPOTS

"絕對不能忽略的爵士名店，在裡頭度過悠閒夜晚"

☑ **還是這裡最對味！**

雖然日本也有開設Note，不
過總店還是特別不一樣。表演
舞台與觀眾之間的距離很近，
臨場感十足。

Blue Note
MAP P.177 B-1 格林威治村 ☎212-475-8592 ⌂131 W.
3rd St.（bet. 6th Ave. & MacDouglal St.）⊙現場表演
20:00、22:30（週五&六也有凌晨0:30的場次）。週
日早午餐為11:30、13:30 ⌖地下鐵搭乘A、B、C、D、
E、F、M線到W 4 St-Wash Sq站後步行約1分鐘

☑ **還能享受夜景**

可以看見舞台後頭的中央公園
和摩天大樓！浪漫到了極點的
幸福空間。

Dizzy's Club Coca-Cola
MAP P.183 B-4 上西城
☎212-258-9595 ⌂10 Columbus Circle（Time
Warner Center5樓的Jazz at Lincoln Center內）⊙現
場表演19:30、21:30（週二～六23:15也有）⌖地下鐵
搭乘1、A、B、C、D線到59 St-Columbus Circle站
後步行約1分鐘

☑ **想要過上輕鬆時光就來這**

創設超過80年，傳說中的俱樂部。特別是
週一的大樂隊演奏一定要看！

Village Vanguard
MAP P.179 C-4 格林威治村
☎212-255-4037 ⌂178 7th Ave. S.（bet. Perry &
W. 11th Sts.）⊙19:30～、現場表演20:30、22:30
⌖地下鐵搭乘1、2、3線到14 St站後步行約3分鐘

☑ **BBQ也很好吃♪**

不僅可以聆聽知名樂手的演奏，還能吃到熱
門饕饗的BBQ！

Jazz Standard
MAP P.178 E-1 格拉梅西
☎212-576-2232 ⌂116 E. 27th St.（bet. Park & Lexi
ngton Aves.）⊙現場表演19:30、21:30 ⌖地下鐵搭乘
6線到28 St站後步行約2分鐘

⚠ Things to Know

☑ **名店要先透過網路訂位**
雖然不預約也可以進店，但如果要
去知名的店家，還是先到官網訂位
比較保險。

☑ **當天早點到店**
如果沒有指定坐哪裡，早點去的話
可以挑到比較好的位子。不過記得
先確認開店時間。

☑ **坐下來後先點些東西**
一開始先點個飲料，有些店有2杯
飲料之類的低消。

☑ **專心聆聽演奏**
有點餐的話也盡量在表演前吃完，
演奏時就專心在舞台上。

☑ **座位費與飲食費為後結**
用餐時間快結束的時候，店員會拿
請款明細過來，並進行桌邊結帳。
建議刷卡支付比較輕鬆。

⚠ Notice!

☑ **東西盡量少帶**
不可攜帶大型行囊進店。盡量輕便！

☑ **規定服裝？**
至高檔店家請著半休閒正式服裝

☑ **店內禁菸！**
NY的酒吧和俱樂部全面禁菸。

☑ **可以拍照嗎？**
可以，但不要開閃光燈。不可錄影。

☑ **別忘了給小費**
小費額度抓Tax額的2倍左右最簡單。

THE RIDE

"搭乘全新體驗的公車享受夜景"

繞行曼哈頓中城各項知名景點的全新體驗設施。這輛導覽公車的座位面向側面，讓乘客可以看見街頭表演。約90分鐘的導覽過程中，以NY夜景為背景的各種驚喜層出不窮，車內氣氛也十分熱絡！

2018年每月的第3個星期四晚上的雙語導覽中也有日語導覽喔！

Photos:The Ride, Marc Bryan-Brown

The Ride
MAP P.181 C-3 曼哈頓中城
☎212-221-0853 ⚑584 8th Ave. (bet. 38th & 39th Sts.)

EMPIRE STATE BUILDING

"帝國大廈的燈光會每天改變？"

帝國大廈引進LED照明系統，會配合節日與活動改變燈光模式，現在甚至有辦法表現出1600萬種顏色。可以上官方網站的Tower Lights看顯示燈光的排程。

- ☑ 紅、白、藍
  美國獨立紀念日
- ☑ 綠、綠、綠
  聖派翠克節
- ☑ 紅、白、綠
  哥倫布日

MUSEUMS NIGHT

"週末的樂趣，夜遊博物館！"

紐約的美術館在週末通常會開到很晚，有些甚至還開放免入館費或自由樂捐（$1也OK）入場。比方說紐約現代藝術博物館就是週五17:30～20:00免費。惠特尼則是週五&六19:00～22:00，古根漢是週六17:45～19:45為自由樂捐時段。不過請做好提早1小時去排隊的心理準備。

- ☑ 大都會藝術博物館
  →P.30 週五&六～21:00
- ☑ The Met Breuer
  →P.43 週五&六～21:00
- ☑ 紐約現代藝術博物館
  →P.86 週五～20:00
- ☑ 惠特尼美國藝術博物館
  →P.86 週五&六～22:00
- ☑ 古根漢美術館
  →P.86 週六～19:45

COCKTAILS

"想在NY飲用的時尚雞尾酒"

以威士忌為基酒調製，有雞尾酒皇后之稱的曼哈頓（Manhattan）是NY必喝雞尾酒。慾望城市的主角群所喝的柯夢波丹（Cosmopolitan）也不容錯過！

BARS

"NY夜晚就到特別的酒吧享受"

時代廣場附近的Skylark空中酒吧算是一個私房景點，常常有人包場舉辦私人活動。另外，體驗零下5度世界的冰凍酒吧也引起不少討論，入場費$22包括防寒用品。

從位於30樓的Skylark，可以看到帝國大廈就在眼前！除了室外，也有室內Lounge。

Photo:The Skylark

The Skylark
MAP P.181 C-3 曼哈頓中城
☎212-257-4577 ⚑200 W. 39th St. (near 7th Ave.)

Minus5° Ice Experience
MAP P.183 C-5
曼哈頓中城西區
☎212-757-4610
⚑1335 6th Ave. (bet. 53rd & 54th Sts.)

New York the best time

AT

Late Night

21:00 - 00:00

紐約非常具有娛樂之城該有的樣子，即使到了深夜依然有許多可以盡情享樂的景點。有變裝皇后秀、有獨立電影，帶著冒險的心情行動吧。最後也可以用甜點或血拼來畫下美好句點！

IT'S SHOWTIME!

Best time
21:00

大姊姊們電得你目眩神迷～♡

觀賞變裝皇后秀
體會不同面貌的夜晚NY

NY的夜生活文化不可或缺的，就是變裝皇后秀了。而以下2處的表演，
不論是觀光客還是剛接觸的人，都能盡情享受！

1 設備最先進的照明無以倫比，從頭到尾舞台都讓人HIGH到爆炸。**2** 參與活力四射的夜晚表演，一定能盡興而歸！

女裝表演者的對嘴模仿秀！

在這些模仿秀之中，你可以享受從女神卡卡到希雅、惠妮休士頓、愛黛兒等等世界級歌后所帶來夢幻且歡樂無窮的表演。性感、奢華、誘惑的大姊姊們身穿閃閃動人的服裝勁歌熱舞，不時穿插一些機智詼諧的笑話，帶來一段段魄力滿滿的熱情表演。一般人聽到變裝皇后秀，都會覺得自己有些格格不入，不過這間店的氣氛卻讓人覺得即便是一個女生單獨前往也很好融入。常常有人會在這間店開Bachelorette party（結婚前夕的女子單身派對）。

Diva Royale

MAP P.181 C-1 曼哈頓中城
☎917-633-4943 🏠268 W. 47th St.（at 8th Ave.）Copacabana內 🕐週五＆六 19:30～ 🔒週日～四 🚇地下鐵搭乘C、E線到 50 St站後步行約4分鐘

★ ★ ★ 這兩間店都必須先預約。可以透過網站預約。

7

8

9

80年代迪斯可舞廳風的店內裝潢。燈光也很魔幻，讓人充滿期待～

穿著旗袍的美女登場。不過講起話來還是很毒（笑）。

10

11

12

女王的氣勢！許多衣著都很浮誇，舞台效果十足。

13

14

15

16

17

從強勢的瑪丹娜迅速切換成抒情風格也很讓人驚艷！

18

19

wow

20

1 以表演老名字命名的雞酒，共有7款$12 **2** Pre的甜點。輕甜味很合日本胃口。

2

1

21

22

眾女王帶來精彩絕倫的晚餐秀

23

1993年從東村發跡，現在每週五＆六夜晚會在曼哈頓中城營業。這家店的特色是門票（＄55。需預約）費用內包含三款料理的Prefix菜單，可以同時享受美食與表演。大約2小時的表演中，花枝招展、濃妝豔抹的諸位艷麗女王一個個登場，替舞台點燃狂熱的火花。內容不乏戲謔觀眾的毒舌脫口秀、黃色笑話與表演等諸多笑料。席間店喧鬧得不得了。只要開口，女王都會很親切地和你合照，可以找他們一起合照，當作旅行的紀念喔。

0

Lucky Cheng

MAP P.181 A-1 曼哈頓中城
☎212-995-5500 🏠605 W. 48th St.（b
11th & 12th Aves.）Stage 48, 3樓 ⊙週
19:00～、週六18:00～與20:00～ 🔒週日～
📍地下鐵搭乘C、E線到50 St站後步行約12分

連售票處都很有型！2樓的餐廳宛如好萊塢黃金時期的製片廠內餐廳。

**電影愛好人士必去！
LES最夯景點**

位於下東城（LES，Lower East Side）的次世代電影院Metrograph，在對流行事物敏感的紐約客之間也是一個熱門地點。改裝自食品倉庫的空間裡頭，有一個175席的影廳，以及一個50席的影廳，播映新的獨立製作電影以及珍貴的35釐米膠卷電影。他們不僅是裡頭的餐廳能力強，更特別的是裡頭策畫能力強，更特受到了好萊塢黃金時期的啟發，甚至還設立了一間只賣電影相關書籍的書店。這些地方就算不是去看電影也可以進去，所以也不少時髦人士會將這裡視為一種社交場所。其他還有許多匠心獨運的地方，如自家製作的美味爆米花、以電影標題取名的美味雞尾酒等等。還不趕快去看一看！

★ ★ ★ 徒步約2分鐘的距離，可以找到Metrograph創立者Alexander Olch開的領帶與男裝店，務必看看！

138

Metrograph

LES的全新地標

電影導演兼時裝設計師Alexander Olch所規劃。影廳座位皆由專員安排。成人票價$15，早鳥票（14點以前）$12。

MAP P.176 F-4 下東城
☎212-660-0312 🏠7 Ludlow St.（bet. Hester & Canal Sts.）🕐11:00～24:00（週四&五&六～凌晨2:00）♀地下鐵搭乘F線到East Broadway站後步行約2分鐘

雞尾酒一律$13。沙拉$11～14。1樓的近未來感糖果區也十分熱門，原創爆米花一樣在這裡買。

Other Spots

Nitehawk Cinema

以作品為發想的餐點也很棒

這裡一樣是可以享受美食與美酒的電影院。使用了松露奶油的原創爆米花也非常好吃。餐點部分最低$12。

MAP P.184 D-4 威廉斯堡〔布魯克林〕
☎718-782-8370 🏠136 Metropolitan Ave.（Bet. Wythe Ave. & Berry St.）🕐16:00～凌晨2:00（週六&日11:00～）♀地下鐵搭乘L線到Bedford Av站後步行約7分鐘

iPic Theaters

女主廚製作的美食也深獲好評

坐在商務等級的舒服座椅上，看著電影、吃著美食，享受奢侈的好地方。原創雞尾酒也很受歡迎。一杯最低$12。

MAP P.174 E-2 曼哈頓下城
☎212-776-8272 🏠11 Fulton St.（bet. Front & South Sts.）🕐10:00～23:00 ♀地下鐵搭乘2、3線到Fulton St站後步行約5分鐘

Midtown
×
American

① 炫目的霓虹燈招牌讓人鬆了口氣！② 甜～滋滋的起司blintz薄餅。$16.25 ③ 起司漢堡。$15.75 ④ 分量滿點的豆子湯。$6.75

Junior's 49th Street

於布魯克林誕生，以NY風的濃郁起司蛋糕聞名的熱門餐廳。這間是他們的新分店。視覺感強烈的裝潢提升了夜晚的興奮感，而起司蛋糕也有各式各樣的種類。

MAP P.181 C-1 曼哈頓中城
☎212-365-5900 🏠1626 Broadway（bet. 49th & 50th Sts.）
🕕6:30～24:00（週五&六～凌晨1:00）
📍地下鐵搭乘N、R、W線到49 St站後步行約1分鐘

Best time
23:00

沒有吃到晚餐！好想吃甜點！
必須劃重點的 深夜餐廳&咖啡廳

有時逛著逛著就錯過吃晚餐的時間，或是玩累了想吃些甜點之類的。這種時候，NY的深夜美食也萬無一失。

East Village × Ice Cream

1 單人份。鹹焦糖口味。$5.50 **2** 如果是暖和的季節，也可以坐在外面的板凳上邊吃邊聊。

Van Leeuwen Artisan Ice Cream

非常熱門的一間冰淇淋專賣店，以NY近郊生產的食材，製作出簡單且味道優雅的冰淇淋。因為開在夜晚也十分熱鬧的區域，所以成了不少盡興而歸的年輕人喜愛的地點。推薦給比起質量、更偏重分量的人去吃的好吃冰淇淋。

MAP P.178 F-5 東村
☎718-701-1630 ⌂48 1/2 E. 7th St.（at 2nd Ave.）⊘8:00～24:00（週六&日9:00～）♥地下鐵搭乘6線到Astor Pl站後步行約5分鐘

Midtown × Cookies

1 看完劇後特別多人。
2 2種餅乾，各$2.75

1 充滿了時髦的當地人，非常熱鬧。
2 人氣餐點提拉米蘇。$9

Greenwich Village × Italian

Schmackary's Cookies

劇院區附近的美式餅乾專賣店。巧克力和堅果這兩種經典口味最推薦。

MAP P.181 B-2 曼哈頓中城
☎646-801-9866 ⌂362 W. 45th St.（bet. 8th & 9th Aves.）⊘8:00～24:00（週一&二～23:00）♥地下鐵搭乘A、C、E線到42 St-Port Authority Bus Terminal站後步行約5分鐘

Caffè Dante

老字號咖啡店改頭換面，變成一間潮流新店。不僅提供道地的義式濃縮咖啡，晚上還供應雞尾酒。一般用餐時間會大排長龍，請多加留意。

MAP P.177 B-1 格林威治村
☎212-982-5275 ⌂79-81 MacDougal St.（bet. Bleecker & W. Houston Sts.）⊘10:00～凌晨1:00 ♥地下鐵搭乘1線到Houston St站後步行約5分鐘

也有不少24小時營業的店家，趕快記下來！
在 **DR** 購買便宜又可愛的items

NY處處可見的藥妝店「Duane Reade」可以買到可愛的伴手禮，超方便！

各式各樣的口紅&唇膏
1 LIP BALM

COSME

自然妝不可或缺
2 BB CREAM

高CP值品牌New York Color所推出的Smooth Skin BB霜，只需輕輕一抹，遮瑕效果十足。而且價位超便宜，可以買來分送給朋友，所以有看到就買下來吧！共有2色，一件$3.99。

左邊是ChapStick的DUO，可以同時享受2種不同風味$5.99。中間也是ChapStick的商品，唇露式的保濕唇膏$5.49。右邊是NYColor的口紅。雖然塗起來感覺不夠濕潤，但這麼可愛的一支居然只要$2.49！

也有令人想珍惜使用的護髮商品
3 HAIR CARE

天然A尚好
4 MASCARE

Organic Wear雖然是藥局販賣的化妝品，不過他們使用了有機成分製造。睫毛膏的瓶身為葉子的形狀，長度與分量都很夠，令人滿意。不過可能因為是有機成分，掉妝的速度比較快一些。$9.95

左邊是深受紐約客歡迎的乾洗髮Batiste$9.99。在機上或在健身房運動完後這種沒辦法馬上洗頭的時候使用，最能發揮效果。中間$3.49和右邊$2.79則是護髮乳，可以集中修護毛躁的頭髮。由於分量充足，所以可以使用好幾次。

★ ★ ★ 數年前Duane Reade被Walgreen併購，不過仍持續營業著

Duane Reade by Walgreens

隨處可見的藥妝店

除了藥品，從日用雜貨到糖果點心、飲料，什麼都可以在這裡找到，是一間非常實用的店。很多店鋪都是24小時營業。

MAP P.181 C-2 曼哈頓中城
☎212-977-1562 ♠861 8th Ave.（bet.42nd & 43rd Sts.）⊘24小時營業 ♥地下鐵搭乘A、C、E線到42 St-Port Authority Bus Terminal站後步行約1分鐘

─── **OTHER SHOPS** ───

Store #14408
MAP P.177 C-3 蘇活
☎212-219-2658 ♠459 Broadway（at Grand St.）⊘24小時營業 ♥地下鐵搭乘N、Q、R、W線到Canal St站後步行約2分鐘

Store #14467
MAP P.178 E-3 東村
☎212-358-8206 ♠1 Union Square South（bet. 4th Ave. & 14th St.）⊘24小時營業 ♥地下鐵搭乘4、5、6、L、N、Q、R、W線到14 St-Union Sq站後步行約1分鐘

Store #14276
MAP P.180 D-4 曼哈頓中城
☎212-560-9811 ♠1270 Broadway（bet. 32nd & 33rd Sts.）⊘24小時營業 ♥地下鐵搭乘B、D、F、M、N、Q、R、W線到34 St-Herald Sq站後步行約1分鐘

Store #14134
MAP P.183 C-4 曼哈頓中城
☎212-3956-0464 ♠100 W. 57th St.（at 6th Ave.）⊘24小時營業 ♥地下鐵搭乘F線到57 St站後步行約1分鐘

FOOD

1 SUPPLEMENTS

雖然像糖果一樣…

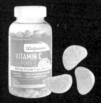

NY（美國）的營養食品百百種，其中我們要找的是維他命C。雖然看起來很可愛，不過畢竟也不是糖果，多食無益。$12.49

3 SNACKS

肚子有點餓時的點心

小分量點心也不能錯過。酪梨片$2.99和一口Size的巧克力豆餅乾$1.50。

5 TEA

一定要買來當伴手禮！

Harney & Sons在蘇活有間路面店，它們家的各種花草茶都能在這裡買到，而且價格遠比日本賣得划算！$5.99

2 NUTS

當宵夜怎麼樣？

Duane Reade的自有品牌商品，綜合堅果$1.99。小小的包裝當宵夜也可以，嘴饞時吃也適合。

4 JAM

連「Sarabeth's」也用這個

進軍日本的人氣咖啡餐廳Sarabeth's的果醬也買得到耶！滿滿的果醬一罐。$11.99

6 CHOCOLATE

常見零嘴&伴手禮

巧克力種類豐富，不過最推薦的是Hershey's睽違22年推出的新產品HERSHEY'S GOLD。$1.39

NEW YORK 24 HOURS

為各位獻上充分利用不夜城NY深夜時光的妙招。就算白天時間不夠逛，
只要知道有哪些店會開到深夜的話就沒什麼好擔心的了！

Late Night Tips

KOREAN TOWN

『24小時營業商家大集合！』

32號街上的韓國城有許多韓國人經營的24小時餐廳和快餐店，其中Kunjip是一間能以親民的價格，吃到道地韓國料理的熱門餐館。

Kunjip

MAP P.180 E-5 曼哈頓中城
☎212-564-8238 ⌂32 W. 32nd St.
（near 5th Ave.）◯24小時營業 ♀地下鐵搭乘B、D、F、M、N、Q、R、W線到34 St-Herald Sq站後步行約2分鐘

LATE NIGHT OPEN

『24小時營業，深夜依然敞開大門的便利落腳處』

Restaurant
肚子有點餓也不必擔心！
Veselka是東村一間老字號的烏克蘭料理店，Coppelia則是14號街上一間以古巴料理為主的拉丁餐廳。兩店的價位都很親民！

Drug Store
NY的便利商店
幾乎所有日用品都買得到。也很適合來這裡買分送用的伴手禮，如以NY為主題的雜貨與美式點心等。另外化妝品品項也很豐富！

Supermarket
全年無休的食品超市
Morton Williams在曼哈頓有12間分店，其中有7間店是24小時營業。有些店還可以內用。

Veselka
MAP P.178 F-5 東村

Coppelia
MAP P.179 C-3 雀兒喜

Duane Reade →P.142

Walgreens
MAP P.181 C-2 曼哈頓中城等區域

CVS
MAP P.181 C-3 曼哈頓中城等區域

Morton Williams
MAP P.183 C-4 曼哈頓中城
☎212-586-7750 ⌂140 W. 57th St.
（bet. 6th & 7th Aves.）
◯24小時營業 ♀地下鐵搭乘N、Q、R、W線到57 St-7Av站後步行約2分鐘

TIMES SQUARE

最能代表「不夜城」的就是這充滿霓虹燈光的區域！

在時代廣場、同時也是劇院區的周邊，有許多名店在戲劇結束後的時間依然還在營業。這裡最大的特色是很多迪士尼商店、Forever 21、M&M's巧克力、Hershey's等牌子的大型商店，如果打算從深夜開始找伴手禮的話，都可以到這些店看看！

Times Square
時代廣場
→P.22

有些穿著布偶裝的人會跑過來跟你說：「一起拍張照吧！」然後拍完照就跟你索取小費，所以如果來搭話的話無視即可。

⚠ Notice!

☑ **基本上請無視主動靠近的人**

穿著布偶裝的人是為了跟你索取小費才來搭話，所以不要理會。也有些人會自稱歌手並遞出CD，然後收費。碰到這種狀況最好都無視比較好。

- - - - - - - - - - - - - - - - - - - -

☑ **不要進電器行**

時代廣場周邊的電器行，很多都會跟你敲竹槓，還可能害你的信用卡帳單多出嚇人的數字，所以還是別進去的好。

- - - - - - - - - - - - - - - - - - - -

☑ **小心扒手和詐騙**

可能你一個不注意，錢包就被人家摸走，或是碰到故意往你身上撞過來還索求賠償的人，所以自己要提高警覺。

DUMBO KITCHEN

Mominette

POWER HOUSE ARENA

RISK GALLERY & BOUTIQUE

bird

BROOKLYN INDUSTRIES

FOXY & WINSTON

28 SCOTT VINTAGE

west elm

WOODEN SLEEPERS

BELLOCQ TEA ATELIER

HOME COMING

WORSHIP

BROOKLYN
LIKE A LOCAL

**Dumbo, Williamsburg, Greenpoint,
Bushwick, Red Hook**

BAGGU

ONE GIRL COOKIES

SWEET LEAF

KINFOLK 90

FORAGERS

ARCHESTRATUS
BOOKS & FOODS

Jacques Torres
CHOCOLATE

FAIRWAY
BROOKLYN

Steve's Authentic
KEY LIME PIE

WOLVES WITHIN

Pioneer Works

NARNIA

In God We Trust

BROOKLYN
NEIGHBORHOOD GUIDE

布魯克林導覽

融合流行與復古的城鎮

布魯克林是紐約市的5個行政區之一，跟曼哈頓比起來比較沒有觀光性質，但卻是催生出新文化和潮流的重鎮，因此也非常有名。

如今也持續新舊交融的街區
Greenpoint
綠點　　　　　→P.156

可以一覽摩天大樓的河濱地帶
Dumbo
丹波　　　　　→P.148

布魯克林第一的潮流發源地
Williamsburg
威廉斯堡　　　→P.152

名聞遐邇的巨大壁畫群
Bushwick
布希維克　　　→P.158

Prospect Park

瀰漫著恬靜氛圍的港口小鎮
Red Hook
雷德胡克　　　→P.160

Greenwood Cemetery

DU'S DONUTS BIG COFFEE

RED HOOK
BAIT & TACKLE SHOP

3 AV

Did you know?
"BKLYN" 是簡稱

當地常看到的BKLYN是Brooklyn的簡稱。有這個Logo的帽子和衣服一定要買來當伴手禮。

HELLO BKLYN

TRANSPORTATION
⌐在街上奔馳的綠色計程車⌐

2013年夏天開始營運的NY市官方認證計程車Green Cab，特徵為青蘋果色的車身。你可以搭乘Green Cab在曼哈頓之外，包含布魯克林的所有NY市內行政區中遊走。搭乘方式和Yellow Cab一樣（P.171）。

ABOUT BROOKLYN
⌐原本是綠意盎然的移民之城⌐

過去布魯克林以移民之城聞名，現在也依然有非裔、義大利裔、法裔、正統派猶太裔等各式各樣的族群居住在這裡，主要是藉由造船業與製造業發展起來。布魯克林差不多從距今10年前開始受到矚目，由於曼哈頓地價過高，許多藝術創作者遷居至此，同時也帶動了時尚的咖啡廳與餐廳、商店進駐。此外娛樂產業也發展蓬勃，總是能為全球帶來新鮮的話題。

THINGS TO DO IN BKLYN

☑ 在古著店和選貨店購物
布魯克林住著許多藝術創作者，所以販賣古著&老派服飾的商家也很多。而且更棒的是價位比曼哈頓還便宜。
→P.072

☑ 遠眺曼哈頓的摩天大樓
丹波和威廉斯堡等東河沿岸的區域，都可以眺望曼哈頓的摩天大樓，一定要去看看！
→P.148, 152

☑ 在時髦的咖啡廳好好放鬆
布魯克林有許多倉庫翻修而成的簡樸風咖啡廳，有機會和藝術家以及SOHO工作者一起放鬆一下。

☑ 參觀街頭藝術
布希維克這個區域，牆壁上的塗鴉十分知名。稍微走走，就可以在各處發現這些壁畫。威廉斯堡地區也有。
→P.158

☑ 漫步在可愛的街道上
雖然沒有自由女神和帝國大廈這些景點，不過布魯克林的魅力，就在於能夠一窺約紐客日常生活的模樣。試試在街上散步吧。

GETTING AROUND
⌐漫步在布魯克林時的注意事項⌐

☑ 走路很花時間
布魯克林的面積有251平方公里大，而且街道複雜難懂。街道與大道之間也隔得很遠，走路很花時間。

☑ 最好1天逛1區域就好
布魯克林的地下鐵網路較不發達，而公車很複雜、班次又少，如果要逛的幾個區域就在隔壁倒是可以同一天一起逛，但如果要跑其他比較遠的區域，時間可能要留多一點。

☑ 有些區域會有危險場所
布魯克林腹地廣大，也有不少尚未開發的區域，所以盡量不要偏離主要道路。本書介紹的地方都是觀光客比較多的區域，不過也有些地方治安不好，請多加注意。

☑ 也可以暫且回趟曼哈頓
想去布魯克林，可以從曼哈頓搭乘地下鐵、公車、計程車、渡輪進入。如果布魯克林內的區域間移動沒辦法那麼順利時，可以先回一趟曼哈頓，再從曼哈頓出發到要去的區域。

丹波
DUMBO
位 於 橋 頭 的 超 美 地 點

2座橋、河川以及摩天大樓可以拍出奇蹟美照的絕佳空間

丹波地區位於曼哈頓大橋與布魯克林大橋2座橋的橋頭一帶，原本是倉庫和工廠林立的工業區。1970年代後半開始，許多藝術創作者搬進來住，替這座小鎮挹注了活力，如今丹波已是媒體常用的拍攝地點，聲名大噪。這也難怪，這種地方找遍全世界也找不到第二個。只要有出現丹波的場景，任何畫面都能美如畫。

石頭街道、老舊的街景、大橋與河川，背景還有摩天大樓，如今丹波已是媒體常用的拍攝地點，聲名大噪。這也難怪，這種地方找遍全世界也找不到第二個。只要有出現丹波的場景，任何畫面都能美如畫。

2007年，美國政府將丹波劃入歷史保護區。2017年，倉庫改建而成的購物中心Empire Stores開幕，讓丹波的關注度更高。飽覽美景的同時，也別忘了好好感受這座城鎮獨一無二、歷史與流行完美融合為一體的靈魂吧。

things to do in Dumbo

Dumbo's Best...

在丹波要做的3件事

在這座水岸城鎮裡，你可以發現許多非常時尚的景點。把時間拋諸腦後，悠閒散步，傍晚時分再到河邊的公園享受對岸曼哈頓的美景。

☑ MUST BUY
總之放輕鬆，找找伴手禮

非去不可的景點，就是2017年開幕的購物中心Empire Stores。在這間用紅磚倉庫改建的購物中心裡，一定要逛的就是伴手禮的熟面孔，巧克力專賣店Jacques Torres的1號店。

Brooklyn Industries（P.151）	源自布魯克林的休閒品牌。商品分成女士與男士服裝。
Jacques Torres Chocolate（P.151）	掀起NY巧克力風潮的名店。工廠也設在一起。
West Elm（P.151）	全美連鎖的居家裝飾商店。充滿許多能當伴手禮的商品。

☑ MUST EAT
外帶食物到公園吃就對了！

可以從超人氣漢堡Shake Shack或1 Hotel裡面的休閒咖啡廳Neighbors外帶三明治或貝果。也可以從Empire Stores裡面的咖啡廳Feed外帶一份簡單餐點。

One Girl Cookies（P.150）	販賣許多如杯子蛋糕和無比派（Who-opie Pie）等可愛甜點的咖啡廳。
Dumbo Kitchen（P.150）	能以速食方式享用沙拉、漢堡等食物的休閒熟食店。
Shake Shack（P.39, 76）	如今已是遍布全球的超人氣漢堡店。這間店開在河邊，是一個非常舒服的空間。

☑ MUST SEE
可不能錯過壯觀的摩天大樓風景！

最多人選擇的觀賞地點，就是布魯克林大橋公園。Empire Stores屋頂上的新觀景台也很受歡迎。如果到1 Hotel的屋頂則能從更高的角度遠眺！（冬天不開放）

Brooklyn Bridge（P.22）	1883開通，極具藝術感的鋼纜為其特色，有世界最美纜橋之稱。
Manhattan Bridge	1909開通。橋上人車分道，底下也有地下鐵B、D、N、Q線經過。
Brooklyn Bridge Park（P.120）	東河旁的一大片公園，夏天時會有許多免費活動在此舉辦。

HOW TO GET THERE

搭乘地下鐵的話，坐F線到York St站、或A、C線到High St站下車。這兩站從曼哈頓的車站出發的話都只有1站的距離。從Wall Street/Pier 11搭乘渡輪前往也不錯。因為丹波就在曼哈頓對岸，乘船時間也不過3分鐘，而費用和地下鐵一樣，單趟$2.75。你也可以選擇走布魯克林大橋過去，單趟大約30分鐘，會讓你感覺非常暢快！

地下鐵：F線到York St站、或A、C線到High St站下車步行約5～10分鐘
渡輪：從曼哈頓的Wall Street/Pier 11搭乘NYC Ferry，在DUMBO下船。

12：00
首先
前往可愛的
甜點店！

One Girl Cookies

這間店裡充滿許多令人心動不已的甜點，像是用女孩的名字命名的餅乾、還有灑滿糖霜的皇冠型杯子蛋糕。光照充足的店面裡，給人一種童話故事般的舒適感！

MAP P.185 B-1 丹波〔布魯克林〕
☎212-675-4996 🏠33 Main St.（at Water St.）
⊙8:00～19:00（週六&日9:00～）
♀地下鐵搭乘F線到York St站後步行約6分鐘

每一種甜點都是樸實無華的傳統滋味。水藍色與白色的盤子也好可愛。

DUMBO
4HOURS

以2座橋以及摩天大樓作為背景，帶著當地居民的心情悠閒散步。感受東河方向吹來舒服的風，度過奢侈的休閒時光♡。

15：00
在氣氛輕鬆的餐廳裡頭
快快吃頓稍晚的午餐

沙拉$9起跳，漢堡$12起跳。漢堡有附薯條和沙拉。

Dumbo Kitchen
※2019年已歇業

能以速食方式享用沙拉、漢堡、三明治等輕鬆餐點的快餐店型餐廳。菜單上也有葡萄酒和啤酒等酒精飲料。餐廳開在地鐵站前，位置十分優良。

MAP P.185 C-1 丹波〔布魯克林〕
☎718-797-1695
🏠108 Jay St.（at York St.）7:00～22:00（週六&日9:00～16:00）
♀地下鐵搭乘F線到York St站後步行約1分鐘

14：30
以NY為主題的雜貨也應有盡有
走進藝術類書店

Powerhouse Arena

藝術書籍出版社所經營的書店，商品充滿豐富的照片集、畫冊等創意十足的書籍，非常受到當地藝術人士喜愛。以NY為主題的雜貨可以買來當作伴手禮。

MAP P.185 B-1 丹波〔布魯克林〕
☎718-666-3049 🏠28 Adams St.（bet. Water & Front Sts.）⊙11:00～19:00（週六10:00～、週日～18:00）♀地下鐵搭乘F線到York St站後步行約4分鐘

布魯克林Logo馬克杯$8與Yellow Cab的紙模型$13。

12：30
想要吃點簡單午餐的話
就到丹波居民鍾愛的
高級超市去

Foragers

Foragers主要提供NY郊外的小農有機食材，是時髦的丹波居民最常去的超市，品質有保證。超市內還有當地製造的各種雜貨，也別忘了看看。
MAP P.185 B-1 丹波〔布魯克林〕☎718-801-8400 ♠56 Adams St.（bet. Water & Front Sts.）◐8:00～22:00（週六9:00～、週日9:00～21:00）♥地下鐵搭乘F線到York St站後步行約4分鐘

13：00
從布魯克林的
在地休閒品牌
找到適合自己的禮物！

Brooklyn Industries

深受當地人喜愛的街頭休閒風品牌。背包和帽子等配件品項也很豐富，你可以直接在店裡買齊一整套衣服。店裡也有男性服飾。
MAP P.185 B-1 丹波〔布魯克林〕
☎718-797-4240 ♠70 Front St.（at Washington St.）◐11:00～20:00（週日～19:00）♥地下鐵搭乘F線到York St站後步行約4分鐘

上：印有布魯克林Logo的連帽外套。較深沉的配色給人酷酷的感覺。$78
下：防水加工過的後背包。$88

辛辣的是拉差辣椒醬（Sriracha Sauce）與純度70%的有機巧克力。

13：30
NY伴手禮熟面孔！
在知名巧克力的
1號店購買

Jacques Torres Chocolate

法國甜點師傅於2000年開了這間店，進而掀起了NY的巧克力風潮。它們的巧克力包裝時髦，非常適合當作伴手禮。
MAP P.185 B-1 丹波〔布魯克林〕
☎718-875-1269 ♠66 Water St.（bet. Dock & Main Sts.）◐9:00～20:00（週日10:00～18:00）♥地下鐵搭乘F線到York St站後步行約6分鐘

NY收藏品之一，包著紅石榴的巧克力。$13

14：00
看看室內裝潢用品店
在嶄新的購物中心
Empire Stores內散散步

知名設計師Claudia Pearson的NY主題手拿包。$18

West Elm

因品味優良而聞名的室內裝潢用品店，生活雜貨也很多樣化。店就開在眾所矚目的新購物中心Empire Stores裡頭，順便也把其他店家逛一逛吧。
MAP P.185 B-1 丹波〔布魯克林〕
☎718-243-0149 ♠2 Main St.（bet.Plymouth & Water Sts.）◐7:30～20:00（週日10:00～19:00）♥地下鐵搭乘F線到York St站後步行約9分鐘

威廉斯堡
WILLIAMS BURG
Hipster 聚集的核心地帶

流行感十足！
最新潮流發源地

　　如果要比喻，威廉斯堡大概就等於東京的裏原宿、代官山、中目黑等區域的感覺，是布魯克林各項熱潮的震源，甚至還有人會說全球的流行都源自這個地方，可說是萬眾矚目的存在。這裡原先是以移民為主的工業區，不過1990年代開始許多藝術創作者住了進來，2000年開始正式重新開發，發展至今日的盛況。

　　Hipster是指對流行事物敏感的人，而這座城鎮的特徵就是充滿了許多Hipster。尤其年輕人特別多，而且真的所有人都很拉風！光是觀察街上的人們就有得樂了，就連許多吃東西、買東西的地方也都摩登至極，必逛清單永遠消不完。抱著期待的心情，在這座充滿刺激的城鎮中散步吧。

152

Things to do in WB

在威廉斯堡
要做的3件事

威廉斯堡看點多、玩點也多，如果有吸引你的地方，就儘
管進去逛逛吧。就算只是研究街上行人的時尚穿搭也很有
趣！

☑ MUST BUY
NY潮流商品非買不可！

充滿許多個性十足的商店，如品味出眾的選貨店、能找到
獨一無二服飾的古著店。威廉斯堡是整個NY流行的發源
地，可以搶先買到最流行的東西。

Baggu（P.154）	超市塑膠袋型的尼龍購物袋，已經是環保袋的基本款了。
Bird（P.155）	富有品味的服飾，在追求時尚潮流的人們之間很有口碑的選貨店。
In God We Trust（P.154）	從珠寶到服裝，與眾不同的商品為他們帶來許多忠實粉絲。

☑ MUST EAT
上達高級餐廳，下至便宜小吃！

飲食方面當然一樣豐富。最近開在旅館中的店越來越受到
大眾關注，特別推薦各位去The William Vale Hotel 22
樓的WESTLIGHT！

Devoción（P.96）	怎麼拍都好看，又好打卡分享的裝潢加上極品咖啡，讓他們人氣竄升。
Kinfolk 90（P.154）	在NY、LA、東京活動的創作者們一同經營的時髦咖啡廳。
The Bagel Store（P.17） ※2019年已歇業	許多獨特商品，例如視覺衝擊力滿點的彩虹貝果就引發熱烈討論。

☑ MUST SEE
一定要看看曼哈頓的摩天大樓！

舉辦美食慶典Smorgasburg的東河河濱公園、或是
Wythe Hotel 6樓的高空酒吧The Ideas都是合適的觀景
地點。

Smorgasburg（P.48）	夏季的禮拜六約有100間攤販齊聚一堂的美食慶典。
Wythe Hotel（P.167）	1901年建造的工廠經過翻修，於2012年開幕。是足以代表WB的存在。

HOW TO GET THERE

威廉斯堡分北區以及南區，基本上我們會前往看點較集中的
北區。要搭乘地下鐵前往的話坐L線，距離曼哈頓只有1站。
週末時班次會有所變動，所以出發前記得確認一下。也可以
選擇單趟$2.75的NYC Ferry，享受搭乘小渡輪的樂趣。

地下鐵：L線到Bedford Av站下車
渡輪：從曼哈頓的East 34搭乘NYC Ferry，在North Williamsburg下
船。

Baggu

2007年誕生的超市塑膠袋型購物袋，不僅設計時髦、實用性也很高，因此馬上竄紅。現在也有推出皮革和帆布等材質的購物袋。

MAP P.184 D-4 威廉斯堡〔布魯克林〕
☎800-605-0759
🚶242 Wythe Ave.（入口在N. 3rd St. 沿途）(bet. Wythe & Kent Aves.)　⏱11:00～19:00　📍地下鐵搭乘L線到Bedford Av站徒步行約7分鐘

設計樣式豐富的環保購物袋$10，特點在於可以裝進以往塑膠袋2、3個份的東西。

Photos:Baggu

WB 4 HOURS

街上有許多店讓你不禁想踏進去看看，如果有吸引你的店，就大方進去看看吧。好好感受流行事物、享受刺激感官的散步吧。

12:00
旗艦店才有的豐富品項！
前往人氣環保購物袋店

14:30
在用心滿滿的創意空間
和當地人一同吃頓午餐

刻有訊息的黃銅製項鍊$40是這間店的招牌商品。外套和其他飾品類的商品也很有型。

夾著酪梨、番茄、格魯耶爾起司的健康三明治$8，配上酷酷的咖啡師揮手沖泡的咖啡。

13:30
在當地粉絲
經常光顧的精品店
找到時下最流行的服飾

In God We Trust

受古著啟發而製作的原創服裝系列與可愛的珠寶，吸引了不少死忠粉絲。到這裡看看現在最流行什麼吧。

MAP P.184 E-3 威廉斯堡〔布魯克林〕
☎718-384-0700
🚶129 Bedford Ave.（bet. N. 9th & N. 10th Sts.）
⏱12:00～20:00（週日～19:00）　📍地下鐵搭乘L線到Bedford Av站徒步行約3分鐘

Kinfolk 90

這間咖啡廳的特色，在於它宛如一棟建築物中的中庭區塊。Kinfolk在這藝文事物滿載的區域中仍然格外顯眼，我們可以在處處點綴著藝術的空間內，享受悠閒的午餐。隔壁的服飾店Kinfolk 94也記得去看看。

MAP P.184 D-3 威廉斯堡〔布魯克林〕　☎347-799-2946　🚶90 Wythe Ave.（bet. N. 10th & N. 11th Sts.）
⏱8:00～凌晨4:00（週一～凌晨2:00、週六11:00～、週日11:00～凌晨2:00）　📍地下鐵搭乘L線到Bedford Av站徒步行約7分鐘

Bird

這間選貨店的老闆原本擔任Bar-
neys New York與Steven Alan的
採購員，因此店內精品的品味肯定
有保證，也難怪諸多時尚專家會蜂
擁而至了。商品中也有不少新銳設
計師所設計的東西，讓人想趁他們
成名前先買下他們的作品呢。

LOTUFF的包包
$490。背帶可拆，有
2種不同的使用方式。
外套為Woolrich的商
品$1500。

MAP P.184 E-4 威廉斯堡〔布魯克林〕
☎718-388-1655 ♠203 Grand St.
（bet. Bedford & Driggs Aves.）◯
12：00～20：00（週六及日11：00～
19：00）♀地下鐵搭乘L線到Bedford Av
站後步行約7分鐘

Photo:bird

15：00
享受超人氣採購員的
極致好眼光

民族風長版洋裝、以及
色彩與設計都很優美的
摩洛哥製涼鞋。

14：00
住宅區的私房古著店
找尋舊時代的寶藏！

IN GOD WE TRUST

BAGGU

Narnia Vintage

充滿許多摩登民俗風&波西米亞風的
1970～80年代的古著，也有不少稀
有的鞋子和飾品，建議各位可以細細
挑選。
MAP P.184 E-4 威廉斯堡〔布魯克林〕
☎718-781-4617 ♠672 Driggs Ave.
（bet. Metropolitan Ave. & N. 1st
St.）◯11：00～19：00♀地下鐵搭乘L線
到Bedford Av站後步行約7分鐘

排屋改建的店面，陽光灑進屋內，植物欣
欣向榮，感覺就像在起居室一樣舒服，似
乎一個不小心就會讓人流連忘返。他們還
有後花園喔。

綠點 GREEN POINT
新舊交錯的城鎮

波蘭人街裡頭
融入了最新潮的文化

綠點的波蘭人街是全美數一數二大，僅次於芝加哥。綠點就在流行發源地威廉斯堡隔壁，也因此這些年來，那些流行風潮也吹到了這裡，使得綠點的時髦景點如雨後春筍般冒出。這座能同時體會到帶著溫馨家庭感的商店街、以及最新潮文化的特殊城鎮，依然持續進化中。

HOW TO GET THERE

若要搭乘地下鐵，則搭G線到Nassau Av或Greenpoint Av站下車。要從南邊開始逛就從前者下車，從北邊開始逛則從後者下車。2站之間步行距離約7分鐘。G線電車的車身較短，等車時盡量站在月台的中間位置。搭乘NYC Ferry過去也不錯，從曼哈頓的34號街坐2站就到了，單程票價$2.75。

地下鐵：G線到Nassau Av或Greenpoint Av站下車
渡輪：從曼哈頓的East 34th St搭乘NYC Ferry，在Greenpoint下船

things to do in GP

·走逛特色商店

特別是Franklin Street周邊聚集了很多特色商店。新商家目前也一間一間開，算是重點區域。

·前往能靜下心來的靜謐咖啡廳

比起隔壁的威廉斯堡，綠點更帶有一點文靜的氣氛。而這裡的咖啡廳特色，也沾染上了這樣的氣息。我們要瞄準的目標是有後院的咖啡廳。

·也別忘了必逛觀光景點

在河濱公園可以一覽對岸的曼哈頓城市風光。繁華大街Manhattan Avenue則有許多庶民風格的波蘭風商家。

木頭鞋跟的涼鞋和小串珠手環它都散發出其特有的品味。

12：00
在花團錦簇的美麗空間享受咖啡時光、尋找雜貨

Homecoming

發現花團中的咖啡廳＋地方製造的時髦雜貨！在花朵滿滿的都市綠洲裡，度過療癒的時光。
MAP P.184 D-2 線點〔布魯克林〕
☎347-457-5385 🏠107 Franklin St.（bet. Green point Ave. & Milton St.）⊙8:00〜19:00（週六&日9:00〜）♀地下鐵搭乘G線到Greenpoint Av站後步行約3分鐘

供應產自西岸城市聖塔克魯茲市的Verve咖啡。Dough的甜甜圈也可以嚐嚐！

13：00
探訪主題性出類拔萃的人氣選貨店

Wolves Within

老闆是一對時髦的夫婦，兩人都有設計與造型的專業背景。不愧是專業人士的眼光，店內商品中有不少備受矚目的獨立品牌。
MAP P.184 D-2 線點〔布魯克林〕☎347-889-5798 🏠174 Franklin St.（bet. Java & Kent Sts.）⊙12:00〜20:00（週日〜19:00）♀地下鐵搭乘G線到Greenpoint Av站後步行約4分鐘

13：30
源自布魯克林！劃時代的茶站上世界舞台

Bellocq Tea Atelier

自全世界精挑細選有機茶葉，經過調配，打造出創新的風味。你也可以在沙龍風裝潢的店內品茗一番。
MAP P.184 D-2 線點〔布魯克林〕
☎347-463-9231 🏠104 West St.（bet. Greenpoint Ave. & Kent St.）⊙12:00〜18:00（週五&六〜19:00、週日〜17:00）🔒週一、二 ♀地下鐵搭乘G線到Greenpoint Av站後行約4分鐘

14：30
西西里島風味甜點也很受歡迎！盡情逛逛獨樹一格的書店

Archestratus Books & Foods

從小說到食譜，這間店專賣跟食物有關的書籍。店內後頭有間咖啡廳，他們賣的西西里島風味甜點也非常熱門。此外也不定期舉辦一些跟食物有關的活動。
MAP P.184 D-1 線點〔布魯克林〕
☎718-349-7711 🏠160 Huron St.（bet. Franklin St. & Manhattan Ave.）⊙11:00〜20:00（週日〜18:00）🔒週一、二 地下鐵搭乘G線到Greenpoint Av站後步行約4分鐘

15：30
在倉庫改建的大型咖啡廳裡享受放鬆時光

Sweetleaf

使用設置在同一處的烘焙廠所烘焙的咖啡豆，屬於正統派咖啡。磚牆與古董傢俱營造出一股安穩的氛圍，十分有魅力。
MAP P.184 D-1 線點〔布魯克林〕
☎347-725-4862 🏠159 Freeman St.（near Manhattan Ave.）⊙7:00〜19:00（週六&日8:00〜）♀地下鐵搭乘G線到Greenpoint Av站後行約5分鐘

每次去都有新的發現！
不停進化的藝術地帶

位於威廉斯堡東邊的工業地帶，如今因為許多新銳藝術家遷居至此，使得布希維克有「下一個雀兒喜」的稱號，轉變成藝術的發源地。以巨型壁畫為象徵的這個區域，充滿創意的新景點正一個接一個誕生。布希維克的發展風起雲湧，是現在最吸引眾人目光的一個區域。

HOW TO GET THERE

地下鐵搭乘L線到距離曼哈頓6站的Morgan Av、或是到再下一站的Jefferson St下車。布希維克地區主要就是以這兩站為中心，而這兩站之間徒步距離約15分鐘。Morgan Av僅距離威廉斯堡（WB）內的L線Bedford Av站5站而已，可以在逛完WB的回程繞道去看看。某些地方也可以搭乘M線前往。

地下鐵：L線到Morgan Av或Jefferson St站下車後走一下就到了

Things to do in Bushwick

· 第一件事，先看巨型壁畫
搭乘地下鐵L線到Jefferson St站下車，巨型壁畫集中出現在隔壁的Troutman Street路旁。L線的Morgan Av站附近也有。

· 探訪與在地連結深厚的畫廊
這裡有很多以前衛藝術作品聞名的小畫廊。詳細地點可上網站（www.bushwickgalleries.com）確認。

· 體會飲食與時尚發展的現在進行式
充滿藝術氣息的咖啡廳與餐廳一間接著一間開，古著店和選貨店也不能錯過。

12：00
融合藝術與時尚
造訪嶄新想法滿載的特色空間

優雅的古著，幾乎都是老闆家代代相傳下來的東西。

Risk Gallery & Boutique

在掛滿老闆Lindsay Rose Risk畫作的店裡，販賣許多以古著為主的商品。進到這間店，彷彿打開了藝術世界的寶箱。

MAP P.185 A-3 布希維克〔布魯克林〕
☎347-689-9772 ♠232 Varet St.（bet. Bogart & White Sts.）◷14:00～21:00（週二～20:00、週六&日12:00～20:00）🔒週一 ♥地下鐵搭乘L線到Morgan Av站後步行約4分鐘

13：00
隱身於地下室的古著店
到這裡挖掘寶物吧！

28 Scott Vintage

布魯克林街頭文化與多采多姿的族群能量所催生出的一間古著店。合理的價位也很吸引人。

MAP P.185 B-3 布希維克〔布魯克林〕
☎404-263-8550 ♠28 Scott Ave.（bet. Nicholas Ave. & Jefferson St.）◷14:00～20:00（週六&日12:00～）♥地下鐵搭乘L線到Jefferson St站後步行約4分鐘

除了一些小東西，還有珍貴的黑膠唱片與老書籍。

13：30
在別具風情的後院
享受一頓輕鬆的法國料理

Mominette

可以輕鬆享用蝸牛、牡蠣薯條等極品美食的法式餐館。他們的後院也非常受歡迎，當地人經常將這裡當作休息處。

MAP P.185 B-4 布希維克〔布魯克林〕
☎929-234-2941 ♠221 Knickerbocker Ave.（bet. Troutman & Starr Sts.）◷11:00～23:00（週五～24:00、週六10:30～24:00、週日10:30～22:30）♥地下鐵搭乘L線到Jefferson St站後步行約4分鐘

很多知名品牌的古著，一定要一件不漏好好逛逛。

15：00
愛好時尚以及音樂的當地人
經常出沒的地方

Worship

兩位老闆都是音樂人，店裡不僅有1900～1990年代的古著，也有許多新人設計師設計的當代服飾。當地粉絲正大量增加中。

MAP P.185 B-4 布希維克〔布魯克林〕☎718-484-3660 ♠117 Wilson Ave.（bet. Willoughby Ave. & Starr St.）◷12:00～20:00 ♥地下鐵搭乘M線到Central Av站後步行約7分鐘

RED HOOK

恬 靜 的 海 邊 小 鎮

抱著小旅行的心情
造訪海邊小鎮！

2008年IKEA開幕後，這座海邊小鎮的知名度一口氣打開。由於附近並沒有地下鐵站，所以都會感並不重，瀰漫著一股恬靜的氣氛，很難想像這裡竟然也在NY裡頭。也有不少藝術創作者因為喜愛雷德胡克地區獨特的氛圍，所以特別搬到這裡來住。想要遠離塵囂的時候，可以抱著小旅行

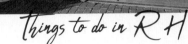

Things to do in R H

· **遠望自由女神**
從Fairway超市旁的棧橋，可以看到自由女神就在眼前。從IKEA 2樓的餐廳也可以看得一清二楚。

· **在Fairway超市周圍散步**
Fairway超市的靠海側入口前有一輛老舊的路面電車，一定要看上一眼。雷德胡克酒廠也是一處熱門景點。

· **漫步在熱鬧大街上**
Van Brunt Street上處處都有時髦的商家。往旁邊走過一個街區，也會看到熱門巧克力品牌Cacao Prieto的工廠兼店面。

HOW TO GET THERE

地下鐵＋公車的交通方式比較不適合觀光客，建議從曼哈頓的Wall Street / Pier 11搭乘NYC Ferry到第2站的Red Hook下船，單程票$2.75。或是從同一處搭乘IKEA的渡輪，在Fairway或是IKEA下船。平日單程票價$5，週末免費。

地下鐵：F、G線到Smith-9 Sts站後轉乘B61公車，或是2、3、4、5線到Borough Hall站後轉乘B61公車。
渡輪：從曼哈頓的Wall Street / Pier 11搭乘NYC Ferry到Red Hook下船。或是搭乘IKEA的渡輪，在Fairway或是IKEA下船。

12：00
到雷德胡克居民
愛逛的高級食品超市

Fairway Brooklyn

開在沿海地帶的高級食品超市。跟曼哈頓分店比起來，這間店更大，商品看得更清楚。要找伴手禮的話很適合來這裡。

MAP P.185 A-5 雷德胡克〔布魯克林〕
☎718-254-0923 ⚲480-500 Van Brunt St.（near Reed St.）⊙7:00〜22:00 ♀地下鐵搭乘F、G線到Smith-9 Sts站後步行約27分鐘

倉庫改建的大型店面中設有內用區，原創商品也很多。

13：00
鳳毛麟角的男性古著店
到這裡買給男朋友的伴手禮！

Wooden Sleepers

店內充滿一件件經典的美式古著，從戶外風到軍裝風都看得到。他們的原創托特包也酷斃了！

MAP P.185 B-5 雷德胡克〔布魯克林〕
☎718-643-0802 ⚲395 Van Brunt St.（bet. Van Dyke & Coffey Sts.）⊙11:00〜18:00 ♀地下鐵搭乘F、G線到Smith-9 Sts站後步行約23分鐘

出自藝術家手中的獨一無二手作精品。

14：00
放眼望去
盡是可愛小物的
超可愛雜貨店

Foxy & Winston

老闆為來自英國的設計師Jane。店內有許多動物型雜貨，光用看的就覺得幸福洋溢。

MAP P.185 B-5 雷德胡克〔布魯克林〕
☎718-928-4855 ⚲392 Van Brunt St.（bet. Dikeman & Coffey Sts.）⊙週三〜日12:00〜18:00（週一、二採預約制）♀地下鐵搭乘F、G線到Smith-9 Sts站後步行約22分鐘
※2018年10月起已停業

外頭用巧克力包覆的萊姆卡士達派。$6.50

14：30
在NY吃到佛羅里達州的
傳統墨西哥萊姆派

Steve's Authentic Key Lime Pie

來自佛羅里達的Steve所製作的墨西哥萊姆派（Key Lime Pie）可是連紐約媒體都評論為「BEST」的美食。使用現榨果汁，追求最傳統的滋味，也令不少粉絲千里迢迢到此一嚐。

MAP P.185 A-5 雷德胡克〔布魯克林〕
☎718-858-5333 ⚲185 Van Dyke St.（at Ferris St.）⊙12:00〜18:00（週五&六11:00〜）♀地下鐵搭乘F、G線到Smith-9 Sts站後步行約28分鐘

15：00
慢慢暢遊
在地的
巨大藝術空間

Pioneer Works

鐵工廠改建，挑高3層樓的寬闊空間，還可以參觀藝術家們位於2樓的工作室。

MAP P.185 B-4 雷德胡克〔布魯克林〕
☎718-596-3001 ⚲159 Pioneer St.（bet. Conover & Van Brunt Sts.）⊙12:00〜18:00 🔒週一、二 ♀地下鐵搭乘F、G線到Carroll St站後步行約22分鐘

NEW YORK 24 HOURS

布魯克林充滿各式各樣魅力無窮的景點，讓人想特地過去參觀參觀。
這裡將為各位帶來更多特別的資訊，讓你的散步行程變得更充實！

CAFE

"可以悠閒度過早晨時光的咖啡廳"

古色古香的隱藏店家

牆壁上陳列著書籍，老古董的氣氛很有味道。如果夏天去，別猶豫，直接前往後院。搞不好有機會獨佔那生機盎然的美好空間呢。

當地藝術家的愛店

布希維克年輕藝術家的主要集散地咖啡廳。貝果和法式鹹派等餐點部分也很豐富，另外全素菜單也很受歡迎。

非常受健康派人士歡迎的燕麥片&優格

24小時冷萃的冰滴咖啡和馬芬也很好吃

Milk and Roses

MAP P.184 D-1 線點 ☎718-389-0160 ♠1110 Manhattan Ave.（near Clay St.）◎12:00～24:00（週五～凌晨1:00、週六10:00～凌晨1:00、週日10:00～23:00）♥地下鐵搭乘G線到Greenpoint Av站後步行約7分鐘

Kávé Espresso Bar and Event Space

MAP P.185 B-3 布希維克 ☎718-360-8685 ♠119 Knickerbocker Ave.（cnr. Flushing Ave.）◎8:00～20:00 ♥地下鐵搭乘L線到Morgan Av站後步行約5分鐘

BBQ

"讓人想特地跑去吃的BBQ店！"

擠滿常客的熱門餐廳

倉庫風的店裡熱氣蒸騰。它們的肉完全不使用抗生素以及任何生長激素，1磅（約453g）$23起跳。1人份的話大約點半磅就夠吃了。NY產的精釀啤酒品項也很豐富！

副餐的馬鈴薯沙拉和醃菜也務必嚐嚐看！

Fette Sau BBQ

MAP P.184 E-4 威廉斯堡 ☎718-963-3404 ♠354 Metropolitan Ave.（bet.Roebling & Havemeyer Sts.）◎12:00～23:00（週一～17:00、週五&六～24:00）♥地下鐵搭乘L線到Metropolitan Av站後步行約6分鐘

OLD DINER

"能感受到布魯克林歷史的必去餐館"

超有名的起司蛋糕！

1950年創業的餐館，如今已是地標等級的存在。人氣排行榜上時常位居前面幾名的起司蛋糕非它不可。

牆壁上掛滿知名人物的照片！他們的烤牛美漢堡也很受歡迎。

Junior's

MMAP P.173 B-4 布魯克林中心 ☎718-852-5257 ♠386 Flatbush Ave.（at Dekalb Ave.）◎6:30～24:00（週五&六～凌晨1:00）♥地下鐵搭乘B、Q、R線到DeKalb Av站後步行約1分鐘

享受時空旅行的樂趣！

1920年代的藥局經過翻修，變得像主題樂園一樣。人氣漂浮飲品共有19種可選！

Brooklyn Farmacy & Soda Fountain

MAP P.173 B-5 波可卡 ☎718-522-6260 ♠513 Henry St.（at Sackett St.）◎9:00～22:00（週五～23:00）、週六10:00～23:00、週日10:00～22:00）♥地下鐵搭乘F、G線到Carroll St站後步行約11分鐘

鬆鬆軟軟的極品甜甜圈

超過60年以前就稱霸當地，20幾種以上的超多樣甜甜圈1個定價$1.10，不管哪一種都好吃的不得了！

Peter Pan Donut & Pastry Shop

MAP P.184 E-2 線點 ☎718-389-3676 ♠727 Manhattan Ave.（bet. Meserole & Norman Aves.）◎4:30～20:00（週六5:00～）、週日5:30～19:00 ♥地下鐵搭乘G線到Nassau-Av站行約4分鐘

甜甜圈傍晚就賣完了，所以要吃請早！

SHOPPING

目不暇給的品項！

寬敞的店內空間掛滿了以1940～60年代為主的珍貴商品，從名牌貨到休閒服飾應有盡有的選貨店。男性服裝也很豐富。

10 Ft Single by Stella Dallas

MAP P.184 E-4 威廉斯堡 ☎718-486-9482 ♠285 N. 6th St.（bet. Havemeyer St. & Meeker Ave.）

你一定可以在這裡找到你喜歡的東西！

布魯克林也有許多時髦的古著店，以下2間為日本人經營的店家，品味跟品質都無可挑剔！

稀有品的寶庫！

麻雀雖小，五臟俱全。有如藏寶盒的小巧店裡，充滿了1940～90年代的稀有服飾，包含1950年代的香奈兒和個性十足的80年代夾克等，商品的品味也卓絕群倫。而且他們家衣服的尺寸都偏小，這點很棒。

rabbits

MAP P.184 E-4 威廉斯堡 ☎718-384-2181 ♠120 Havemeyer St.（bet. Grand & S. 1st Sts.）

慢慢挖掘，找出寶藏。

Made in BROOKLYN

"適合當伴手禮的時髦商品"

布魯克林製的產品特色就是既實用、又充滿個人風格，就連當地人也愛不釋手。這種有別於一般商品的東西，最適合拿來送給重要的人了。

Brooklyn Slate Co

使用天然slate（板岩）製作的手工砧板，最棒的地方在於擺什麼上去都好看。而且這個砧板的保溫性跟耐用度也很優異。

Dean & DeLuca P.80等商家就買得到。

Baggu

→P.154

Morris Kitchen

用生薑與蔗糖製作的濃郁糖漿，很適合用在料理上！

Whole Foods→P.24就買得到

冷熱皆可用的杯墊也是熱銷產品。

也有檸檬、蘋果、紅石榴口味的糖漿。

Nightlife

"啤酒釀造場跟保齡球館也能很時髦！"

精釀啤酒廠開放每個禮拜一～五的18：00之後、週六及日的12：00之後的時段，能夠以1杯$5的價格試喝啤酒。也有導覽服務。可以邊打保齡球，邊透過螢幕觀看裡頭展演空間的表演。大大的音響使球場氣氛High到最高點！

Brooklyn Brewery

MAP P.184 E-3 威廉斯堡 ☎718-486-7422 ♠79 N. 11th St.（bet. Wythe Ave. & Berry St.）

Brooklyn Bowl

MAP P.184 E-3 威廉斯堡 ☎718-963-3369 ♠61 Wythe Ave.（bet. N. 11th & N. 12th Sts.）

BROOKLYN NEIGHBORHOOD

"還有其他魅力十足的區域"

講到必逛地點，那當然是流行發源地威廉斯堡以及其北邊的綠點，還有能飽覽美景的丹波等以東河沿岸為主的地區。不過具有各種面貌的布魯克林，還有許多魅力十足的區域。而很多區域都可以從曼哈頓搭乘地鐵輕鬆前往，各位務必找機會去走看♪

☑ BoCoCa

該區名稱為取波恩蘭姆丘陵（Boerum Hill）、柯布爾丘陵（Cobble Hill）、卡羅爾花園（Carroll Gardens）三個地方的開頭兩字所組成。以F、G線的Carroll St站為中心，四周有許多歐洲風的商家林立。

☑ Park Slope

褐石建築鱗比鱗次的閒靜住宅區，經常入圍最想居住的地方排行榜，尤其受到年輕家庭喜愛。主要為展望公園西側F、G線的7 Av站周圍區域。

☑ Bedford - Stuyvesant

簡稱Bed-Stuy，這幾年越來越多年輕人口流入。C線的Kingston–Throop Avs站附近也有越來越多時尚咖啡廳開業。不過這個地方算是比較荒涼的住宅區，所以走在路上要多加小心。

☑ Others

夏天建議到有沙灘又有遊樂園的康尼島（搭乘D、F、N、Q線到Coney Island站）。12月建議可以去聖誕點燈十分有名的戴克高地（Dyker Heights）（R線到86 St站）。

STAY NEW YORK

NY的住宿費被譽為全美最貴，不過旅館數量繁多，你可以選擇住在設計飯店，也可以住進特色休閒旅館。在NY特有的美好空間裡頭，度過舒服的留宿時光。

好想住一次看看的人氣設計HOTELS

DESIGNERS 4
IN MANHATTAN

NY罕見的附設泳池!!

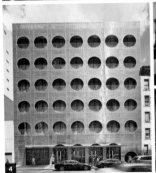

Dream Downtown

夏季開放的The beach簡直就是避暑的世外桃源，可以在這裡盡情放鬆自己。12樓的高空酒吧也很不錯，時髦的當地人經常聚集在此。

MAP P.179 B-3 雀兒喜
☎212-229-2559 ☗355 W. 16th St.（near 9th Ave.）$245～ ♀地下鐵搭乘A、C、E、L線到14 St-8 Av站後步行約5分鐘

1 連沙灘都有的完整海灘空間。 **2** 圓形的窗戶採光度十足。 **3** 連大廳也很有現代感。 **4** 裡頭設有墨西哥餐廳與日式料理餐廳。

Photos:Phillip Ennis

沿用1881年
建造的歷史建築

The Beekman, a Thompson Hotel

屋齡超過100歲的建築經翻修後變成莊嚴的空
間，令人為之著迷。挑高9層樓的中庭更是令人
驚嘆。1樓的餐廳Augustine也是必去的地方！
MAP P.175 C-2 曼哈頓下城 ☎212-233-2300 🏠123
Nassau St.（at Beekman St.）$ 279〜 ♥地下鐵搭乘
2、3線到Park Pl站後步行約4分鐘

1 高高的天花板與各種古典的器具，營造出非常典雅的氣氛。 **2** 橡木製的床是特
別請人設計過的。 **3** 挑高的中庭值得一看。

走創意路線的
時髦旅館

1 連員工都這麼有型。 **2** 週五20:00開始會有免費的DJ活動，任何人都可以參
加。 **3** 每間房間都有不同的裝潢。也有提供雙層床的划算房間。

Ace Hotel

大廳總是有許多當地人，手上拿著飯店內附設
的Stumptown Coffee的咖啡，在這裡調劑身
心。眼見所及，都給人滿滿的時髦感。
MAP P.180 D-5 格拉梅西 ☎212-679-2222 🏠20 W.
29th St.（bet. Broadway & 5th Ave.）$ 219〜 ♥地下鐵
搭乘R、W線到28 St站後步行約2分鐘

High Line就在一旁的
別緻現代風旅館

The High Line Hotel

1895年建造的神學院改建而成的旅館，也因
此帶有穩重且神聖的魅力。更棒的是還可以免
費騎乘Shinola的腳踏車！
MAP P.179 A-2 雀兒喜 ☎212-929-3888 🏠180 10th
Ave.（bet. 20th & 21st Sts.）$ 259〜 ♥地下鐵搭乘
C、E線到23 St站後步行約9分鐘

1 別有一番風味的磚造裝潢。大廳裡的Intelligentsia Coffee也很受歡迎。 **2** 神
學院改建而成的旅館，2013年開幕。 **3** 客房備品使用C.O.Bigelow的商品。

STAY NEW YORK

控制預算 4間高CP值HOTELS

REASONABLE 4

IN MANHATTAN

色彩鮮明的
裝潢十分可愛

和朋友一起旅行時睡雙層床。也有單人房。

The Pod 51

雖然房間並不大，不過功能性十足、裝潢又可愛，令人少女心大發。可以遠眺摩天大樓的頂樓平台也很加分！

MAP P.182 E-5 曼哈頓中城
☎212-355-0300 🏠230 E. 51st St.（bet. 2nd & 3rd Aves.）$69～ ♀地下鐵搭乘6線到51 St站後步行約3分鐘

明亮的大廳。別忘了確認官方網站上的DEALS折扣資訊。

走路就能到
百老滙

在曼哈頓中城還能找到這等寬敞的房間實在難得。還有一個好處是，這間旅館位於餐廳林立的地獄廚房區。

所有的房間都有
附設小廚房

小廚房裡有微波爐、瓦斯爐、膠囊咖啡機。房間整體也很寬敞！

客房備品使用NY化妝品品牌
C.O.Bigelow的產品

房間寬敞且舒服。大廳在夏季時會提供冰茶、冬天則是提供熱河可可。

Skyline Hotel

位於劇院區西邊，位置條件非常好，價格卻不會太貴，房間也很寬敞。此外還有室內溫水游泳池，非常值回票價。

MAP P.181 A-1 曼哈頓中城
☎212-586-3400 🏠725 10th Ave.（bet. 49th & 50th Sts.）$119～ ♀地下鐵搭乘C、E線到50 St站後步行約7分鐘

Hotel Beacon

所有房間都設有裝備齊全的小廚房，讓住宿期間彷彿長居當地生活一樣，十分吸引人。住在這裡就有種UWS的夫人感！

MAP P.173 A-2 上西城
☎212-787-1100 🏠2130 Broadway（bet. 74th & 75th Sts.）$165～ ♀地下鐵搭乘1、2、3線到72 St站後步行約3分鐘

Hotel Belleclaire

旅館位置佳，約步行10分鐘就能抵達自然歷史博物館和中央公園。哈德遜河也就在一旁。

MAP P.173 A-2 上西城
☎212-362-7700 🏠250 W. 77th St.（bet. W. End Ave. & Broadway）$134～ ♀地下鐵搭乘1線到79 St站後步行約2分鐘

STAY NEW YORK

166

Photos:The Pod 51, Skyline Hotel, Hotel Beacon, Hotel Belleclaire

復古中帶有時尚感是現今潮流！布魯克林首選旅館

RETRO MODERN 4

IN BROOKLYN

S T A Y　N E W　Y O R K

可以眺望
曼哈頓的景色

1樓的酒吧是當
地人時髦的社交
場所。有些房間
內還有陽台，開
闊感十足。

酷到極點的
空間魅力無窮♡

原本為1901年
建造的工廠，如
今翻修成旅館，
但仍保留當初的
工業感。空中酒
吧也很受歡迎。

19世紀的倉庫
變得時髦無比

位於綠點住宅區
的時髦空間。每
間房的藝術品都
是出自當地藝術
家之手。

The Williamsburg Hotel

住宿提供早點，這是一般精品酒店少
見的服務！夏季開放的屋頂泳池也為
大家津津樂道。

MAP P.184 D-3 威廉斯堡
☎718-362-8100 🚇96 Wythe Ave.（at
N. 10th St.）＄245～ 📍地下鐵搭乘L線到
Bedford Av站後步行約7分鐘

Wythe Hotel

扮演布魯克林文化領銜者的Andrew
Tarlow也參與規劃，怪不得看過來看
過去都好看！

MAP P.184 D-3 威廉斯堡
☎718-460-8000 🚇80 Wythe Ave.（at
N. 11th St.）＄212～ 📍地下鐵搭乘L線到
Bedford Av站後步行約8分鐘

Henry Norman Hotel

所有房間都是工業風裝潢，天花板比
一般來得高且寬。豪華套房和兩臥室
的頂層房間裡還附廚房！

MAP P.184 E-1 綠點
☎718-951-6000 🚇239 N. Henry St.（bet.
Meserole & Norman Aves.）＄209～ 📍地下
鐵搭乘G線到Nassau Av站後步行約11分鐘

享受都會感十足的
西洋式空間

獨棟房屋裡頭共有4間客房，每一間的裝潢都各有千秋。

藝術氣息滿滿的起居間。

Urban Cowboy

坐落於流行之城住宅區中的一棟房屋，到這
裡來可以切身感受到現下的布魯克林潮流。
公共廚房也有提供早點。

MAP P.184 F-4 威廉斯堡
☎347-840-0525 🚇111 Powers St.（bet. Leonard St. &
Manhattan Ave.）＄200～ 📍地下鐵搭乘L線到Lorimer
St站後步行約7分鐘

167

Photos:Henry Noman Hotel, Wythe Hotel, The Williamsburg Hotel, Ben Fitchett

Q. IMMIGRATION
到 NY 前要先做哪些準備？

A3. 信用卡必備

在美國（紐約），信用卡是展現一個人是否在經濟能力上有一定信用程度的標示，因此不能沒有。住進旅館時，旅館人員也可能會要求你出示信用卡，確保支付上沒有問題。許多商家與餐廳都能刷信用卡，最近甚至也出現只收信用卡的店家了。像VISA或美國運通卡，用起來就很方便。

A1. 首先確認護照的有效期限！

●有護照的人
紐約（美國）方面，要求護照有效期限至少從入境日期算起90天以後依然有效。趕緊檢查手上的護照吧。

●沒護照的人
請至外交部領事事務局網站查詢相關流程。
https://www.boca.gov.tw/mp-1.html

A4. 在飛機上寫好入境卡

飛機上會發放入境卡，在抵達美國前寫好。入境檢查之後提交。

A2. 別忘了ESTA

美國（紐約）的免簽證計畫，令旅客可以在沒有簽證的情況下留在境內從事觀光及商務活動達90天。這時我們就需要ESTA（旅遊許可電子系統）。請於搭機前72小時以前至網頁申請，原則上申請1次，有效2年。

STEP1. 連上ESTA的網頁，選擇自己能閱讀的語言版本，然後開始申請。

STEP2. 確認免責聲明，輸入姓名、出生年月日、護照號碼等資料。註冊費用為 $14，僅接受信用卡或簽帳金融卡付款。

STEP3. 幾乎馬上就能收到申請結果。就算結果暫時保留，72小時內也會有回覆。註冊完畢後，以防萬一把申請結果印下來比較安心。

Q. App
在 NY 有哪些 App 可以用！

A3. 幫你計算小費的 PT: Tip Calculator

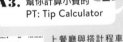

上餐廳與搭計程車時，最麻煩的就是小費的計算了。只要點開這個app，畫面上就會出現各種職業的參考小費比例，並幫你計算出小費金額以及應付總額。有了這個app，就可以加快你付錢的速度。

A2. MET和MoMA 等美術館的app

有些美術館和博物館雖然會提供語音導覽服務租借，但可能會收取費用。只要事先下載這個app，就可以發揮等同於語音導覽的功能，為你導覽美術館內容。

A1. 查交通資訊超 方便的Trip Planner

就是所謂的路徑搜尋app。這款app為掌管紐約市內地下鐵與公車的MTA所推出的官方軟體。只要輸入想去的地方（地標或地址），它就會告訴你要怎麼去。

Q. MANNERS
當地有哪些規定和禮儀？

A1. 基本禮儀看這邊

1. 開門時幫後面的人壓好門

大門以及入口等地方，前面進去的人要壓好門讓下一個人進門。如果前面的人幫你把門壓好，別忘了說聲「Thank you」。

2. 排隊排1排

排收銀台和廁所的時候，全部人排成1排，並且從比較空的地方開始排為原則。盡量避免每個人各排各的。

3. 見到人先打招呼

進入商店和餐廳時，見到人先微笑說聲「Hi」，這是基本禮儀。

4. 未滿21歲禁止飲酒

紐約的法規規定未滿21歲禁止飲酒，而在公園等戶外場所喝酒也違法。購買酒類時記得出示身分證明。

5. 基本上室內室外都禁菸

要記得，餐廳、酒吧、飯店都禁菸（部分例外），室外的公共場所也禁菸。

A2. 公共廁所好少！

紐約跟台灣不一樣，能夠讓不特定多數人使用的公共廁所數量很少。要找廁所的話就到百貨公司和購物中心、高級飯店的大廳等地方。較新的地下鐵站內廁所既乾淨又安全，但幾乎都不開放入站者之外的人使用。即使有些公共廁所可以使用，為了人身安全著想還是不建議使用。

A3. 要知道插座的差異

紐約（美國）的電壓為120V，比台灣高。如果使用時間不長，台灣的插頭還是可以用一下，但建議不要長時間使用。

A4. 須遵守的服裝規定

有些高級餐廳之類的店家有所謂的Dress Code（服裝規定），很多地方稱這項規定為Nice casual。只要搭配得宜，就算穿牛仔褲也OK。不過請避免刷破的牛仔褲和T恤、球鞋。

Q. MONEY
該換哪些錢、該怎麼帶？

A1. 換美元。
建議面額換小一點的。

美國的通用貨幣為美元（$）和美分（¢）。$1=100¢。紙鈔有$1、$5、$10、$20、$50、$100共6種。硬幣有1¢（Penny）、5¢、10¢、25¢（Quarter）共4種。$50鈔和$100鈔用到的機會不多，甚至有些地方會拒收，所以換$20以下的面額會比較方便使用。

$$\$1=30.86\ 新台幣／1萬新台幣=\$324.23$$

2019年1月匯率

A2. 出國前就完成換幣。

雖然也可以在美國的機場和街上的銀行與兌幣所換幣，但匯率跟手續費都有差，大多時候都會比較貴，而且也很花時間。所以建議在國內先處理好。

A3. 也可以從ATM提領當地貨幣

大型國際品牌發行的卡片（信用卡、簽帳金融卡、預付扣帳卡）可以從當地的ATM提領當地貨幣。由於需要PIN碼（驗證密碼），所以如果不知道的人，出發前可以向發卡機構詢問。

Q. GATEWAY
離開機場的交通方式

A2. 如果想省點錢 就搭乘地下鐵和公車等大眾運輸工具

由於不會受到路面交通的壅塞狀況影響，很好掌握抵達目的地所需時間。不過這種方法較費時，而行李一多的話也不好換車。

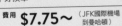

費用 **$7.75～** （JFK國際機場到曼哈頓）

A3. 如果想要便宜前往居住地點就搭接駁車

屬於一種客運，可以載你到特定的地點，十分方便。不過某些路線可能得花上某不少時間。也有些機場的接駁車可以載你到主要交通轉運站。

費用 **$25～** （JFK國際機場到曼哈頓）

A1. 趕時間的話就搭計程車

行李較多的人或趕時間的人建議搭計程車，不過所費不貲。另外請小心問題白牌車（請見下方說明）。

NOTICE

於機場搭計程車時，記得在規定的地方搭乘。如果有人來跟你搭話你就上車的話，很可能會被載到看都沒看過的地方，還被索求高額費用。這就是白牌車的手法。另外，搭乘Uber跟Lyft的時候也要多加注意。

費用 **$68～** （JFK國際機場到曼哈頓）

Q. METROCARD
什麼是 Metro Card ？

A2. Metro Card的購買方法

3 選擇天數（選擇普通券時）

輸入金額。如果想要自己決定金額，就點選「Other Amounts」。

4 支付方式

選擇現金、ATM卡或信用卡任一種。ZIP密碼輸入「99999」也行。

1 選擇卡片種類

選擇新卡（Get New card）或儲值（Refill your card）。

2 選擇天數（選擇暢遊券時）

如果是暢遊券（Unlimited Ride），則選擇要7天還是30天的。

A1. 可以用於NY市地下鐵與公車的票卡

經營NY地下鐵及公車的MTA（Metropolitan Transportation Authority）所發行。Metro Card分成搭乘次數不限的暢遊券以及一次性的普通券。

● **暢遊券（Unlimited）**

一定期間內搭幾次都可以的卡片。由於次數不限，所以不必在意換車的問題。7日券$32、30日券$121。

● **普通券（Regular）**

每次使用時會扣除乘車費用，購買$5.50以上的額度則會送11%的紅利。1張票可供4人使用。

Q. NY市內有哪些交通方式？

A3. 行囊很多之類的時候！

紐約市官方認證的計程車「Yellow Cab」。費用為跳表計算。

▶乘車方法
1. 攔下計程車。如果車上亮起OFF DUTY的燈號，就代表該車目前不載客，所以無法搭乘。
2. 美國計程車要自己開門和關門，跟日本不一樣。
3. 告訴司機你要去哪裡。由於只講地址的話很難懂，所以最好以下面的方式告訴司機：「50th St. & 5th Ave., please（麻煩載我到50街口與第5大道的交叉路口）」。
4. 付完錢後下車。可以現金、信用卡支付。小費大約為乘車費的18～20%。

基本車資 **$2.50～**

A2. 短距離移動的話搭公車比較方便

大約1～3個街區就有1站，所以如果移動距離不長的話，搭公車會比較方便。

▶乘車方法
1. 公車站位於公車行駛方向右側，確認好車頭上面的路線號碼與目的地再上車。
2. 搭車從前門上，車內無法購買Metro Card，所以請事先準備好。
3. 公車沒有到站提醒。要下車時必須按下窗邊的黃色膠帶（也有黑色的）。有些車輛的下車鈴是紅色按鈕，有些則是窗戶旁有一條繩子，要下車時就拉一下。
4. 下車時從後門下。

費用 —律**$2.75**（使用Metro Card暢遊券乘車時的價碼）

A1. 第一種是最基本的地下鐵

地下鐵可說是紐約市民的另一雙腳，對觀光客來說也非常方便。24小時皆有班次，但深夜後班次會減少。

▶乘車方法
1. 地鐵站出入口的燈色顏色，若為綠色就是24小時都可以進去，如果是黃色就是僅有白天和平日才開放進入，而紅色則為出口專用。
2. 如有購買Metro Card（→P.170），就前往剪票口。在機器上刷一下，待閘門的燈號變成綠色、文字變成GO後就可以推開旋轉桿進入。
3. 即使相同路線，也會因為行駛方向不同而分成不同月台，所以先確認好到底車子是往Uptown還是往Downtown方向移動，再到你要去的月台。
4. 確認好目的地後上車，地鐵開動時搖晃程度滿大的，請緊握扶手。
5. Exit或Transfer的字樣旁邊就有標示路線的名稱，就跟著指標走吧。

費用 —律**$2.75**

Q. 如果碰到意外怎麼辦？

A3. 萬一遭竊

雖然弄丟不同的東西，警方的處理方式也不一樣，但原則上只要跟警察局報案，就能拿到「遭竊、物品遺失證明文件」。遭竊時也比照辦理。

▶護照
到警察局報案，領取「遭竊、物品遺失證明文件」，再與「駐紐約臺北經濟文化辦事處」聯絡。
▶信用卡
為避免遭到濫用，盡早聯絡信用卡公司，告訴他們你最後一次使用的日期、店名、金額，並馬上辦理停卡。
▶現金、貴重物品
到警察局報案，領取「遭竊、物品遺失證明文件」。如果是貴重物品，回國後請向保險公司申請理賠。如果現金部分沒有馬上找到就只能放棄了。

A1. 生病&受傷時先連絡保險公司

如果有保險，馬上連絡保險公司。到指定的醫院看過後別忘記領取證明文件。以防萬一，出門前請是應該保個保險。每間保險公司的手續不盡相同，請事先確認。

1. 聯絡保險公司
2. 到醫院看診
3. 支付醫藥費（有些情況下免付費）
4. 再次聯絡保險公司

A2. 緊急時可撥打的電話號碼

警察、消防隊、緊急電話 ☎ 911
警察（非緊急）
☎ 311

※台灣旅客可撥打外交部旅外國人緊急服務專線0800-085-095，或連絡「駐紐約臺北經濟文化辦事處」（1, E. 42nd Street New York, NY 10017 U.S.A.）電話：（1-212）317-7300、傳真：（1-212）754-1549、急難救助：（1-212）317-7300、（1-917）743-4546

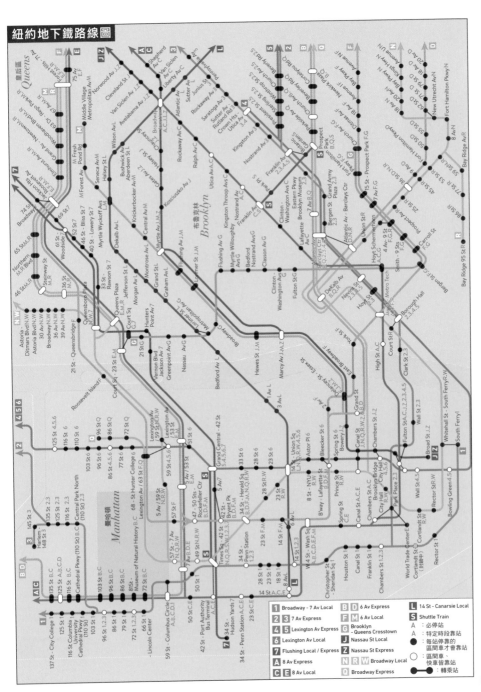

紐約地下鐵路線圖

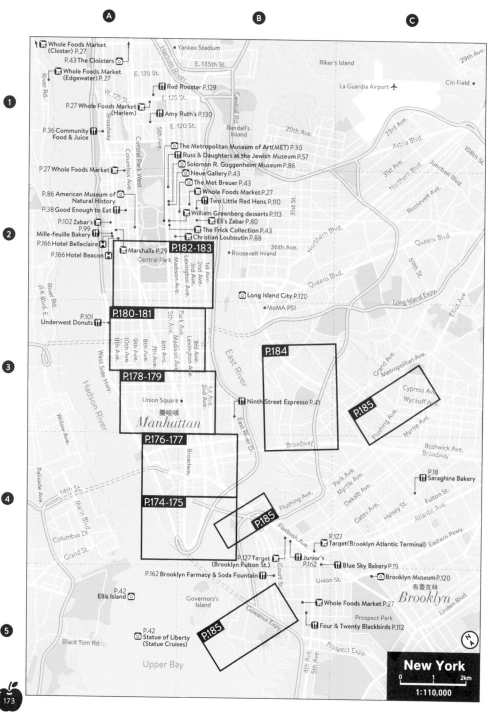

A   B   C

1

2

3

4

5

Whole Foods Market (Closter) P.27
P.43 The Cloisters
Whole Foods Market (Edgewater) P.27
River Rd.
Yankee Stadium
E. 135th St.
E. 135 St.
Red Rooster P.129
E. 125 St.
W. 125 St.
P.27 Whole Foods Market (Harlem)
Amy Ruth's P.130
E. 120 St.
P.36 Community Food & Juice
Broadway
Central Park West
Columbus Ave.
5th Ave.
Central Rd.
Randall's Inland
The Metropolitan Museum of Art(MET) P.30
Russ & Daughters at the Jewish Museum P.57
Solomon R. Guggenheim Museum P.86
Neue Gallery P.43
The Met Breuer P.43
P.86 American Museum of Natural History
P.38 Good Enough to Eat
P.27 Whole Foods Market
Whole Foods Market P.27
Two Little Red Hens P.110
William Greenberg desserts P.113
Eli's Zabar P.80
The Frick Collection P.43
Christian Louboutin P.88
P.102 Zabar's
P.99
Mille-feuille Bakery
P.166 Hotel Belleclaire
P.166 Hotel Beacon
Marshalls P.29
Central Park
1st Ave.
2nd Ave.
3rd Ave.
Lexington Ave.
Madison Ave.
P.182-183
Roosevelt Inland
Long Island City P.120
MoMA PS1
P.101 Underwest Donuts
P.180-181
5th Ave.
Park Ave.
Madison Ave.
3rd Ave.
Lexington Ave.
6th Ave.
7th Ave.
8th Ave.
9th Ave.
10th Ave.
11th Ave.
West Side Hwy.
P.178-179
Union Square
1st Ave.
2nd Ave.
East River
Manhattan
曼哈頓
Ninth Street Espresso P.41
East River Dr.
P.184
Broadway
P.176-177
Broadway
P.174-175
Flushing Ave.
P.185
14th St.
Marin Blvd.
Palisade Ave.
Willow Ave.
Hudson River
River Rd.
JFK Blvd. E.
Columbus Dr.
Grand St.
Flatbush Ave.
Court St.
P.127 Target (Brooklyn Fulton St.)
P.162 Brooklyn Farmacy & Soda Fountain
Ellis Island P.42
Governorz's Island
P.127 Target(Brooklyn Atlantic Terminal)
Junior's P.162
Blue Sky Bakery P.19
Union St.
P.127 Eastern Pkwy.
Brooklyn Museum P.120
布魯克林
Brooklyn
P.18 Saraghina Bakery
Park Ave.
Myrtle Ave.
Dekalb Ave.
Gates Ave.
Halsey St.
Fulton St.
Atlantic Ave.
P.185
Cypress Ave.
Wyckoff Ave.
Flushing Ave.
Myrtle Ave.
Grand Ave.
Metropolitan Ave.
Bushwick Ave.
Broadway
Whole Foods Market P.27
Prospect Park
Four & Twenty Blackbirds P.112
Linden Blvd.
P.185
Gowanus Expy.
P.42 Statue of Liberty (Statue Cruises)
Black Tom Rd.
Upper Bay
4th Ave.
5th Ave.
Prospect Expy.
N

La Guardia Airport
Riker's Island
Citi Field
29th Ave.
23rd Ave.
108th St.
Astria Blvd.
31st Ave.
Northern Blvd.
Junction Blvd.
Roosevelt Ave.
Northern Blvd.
Queens Blvd.
69th St.
Queens Blvd.
Long Island Expy.
Elliot Ave.

36th Ave.
20th Ave.
31 St

New York
0   1   2km
1:110,000

173

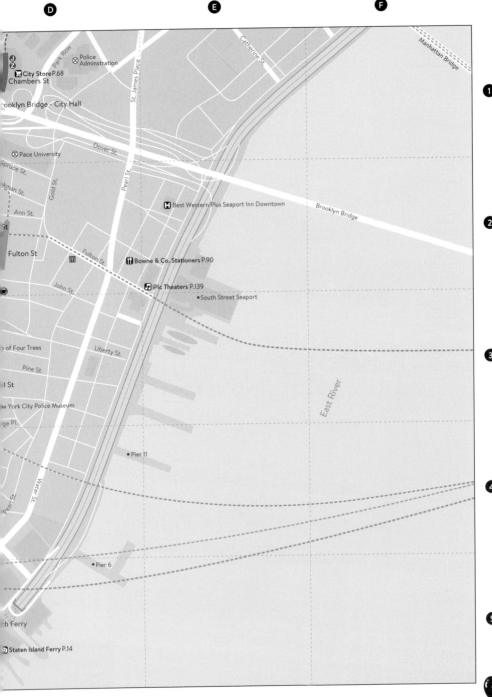

A B C

Chambers St.

Chambers St

Chambers St
City Hall

P.27 Whole foods Market

Target P.127

Park Pl
City Hall P

The Woolworth
Building

Barclay St.
North End Grill P.129

Conrad New York
Loopy Doopy Rooftop Bar
P.92

World Trade Center · The Beekman, a Thompson Ho
P.

Vesey St.

St. Paul's Chapel

NY Waterway

P.47 One World Observatory

P.52 Brookfield Place
P.52 Hudson Eats

· Oculus · Millenium Hilton

9/11
Memorial Park
The National 9/11 Memorial & Museum ·

Fulton St · Fulton S

R W
P.28,89 Century 21

Cortlandt St
World Trade Center ·

Cortlandt St

Maiden Ln.

Liberty St.
Tribute WTC Visitor Center ·

Federal Reserve Bank of New Yo
· Red Cube

National 9/11 Memorial ·

New York Marriott Downtown
Albany St.

Federal Hall National Memorial
P.29 T. J. Maxx

Trinity Church

New York Stock
Exchange (NYSE) ·

Rector St
Rector St

R W
Wall St

Broad St

P.23 Wall Street

Tiffany

West Thames St.

· Charging Bull

Beaver St.

2nd Pl.

Bowling Green

Skyscraper Museum ·
Museum of Jewish Heritage ·

National Museum of the American Indian ·

R W

Whitehall St - South Ferry

Untitled (Two dancing Figures) ·

Castle Clinton ·

曼哈頓下城
Lower Manhattan

P.14 Statue Cruises

Battery Park

Hugh L. Carey Tunnel

182
180
178 184 185
176
174 185
185

Lower Manhattan

0   100   200m

1:10,500

N

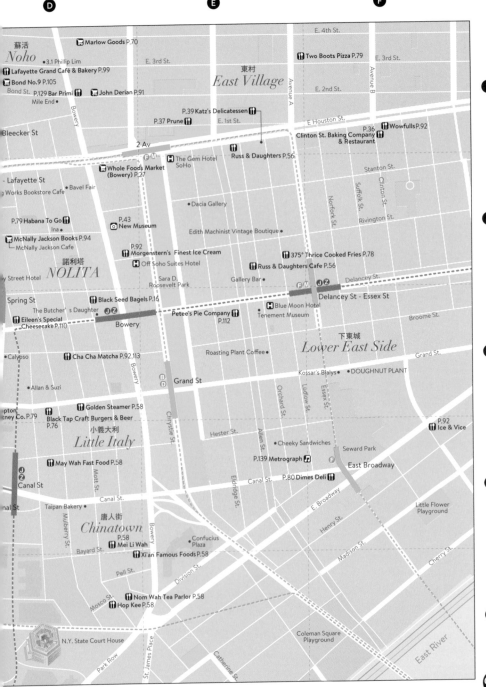

D **E** **F**

蘇活
Noho
• 3.1 Phillip Lim
Lafayette Grand Café & Bakery P.99
Bond No.9 P.105
Bond St.   P.129 Bar Primi
Mile End •   John Derian P.91

Marlow Goods P.70

E. 3rd St.

東村
East Village

Two Boots Pizza P.79

E. 4th St.

E. 3rd St.

E. 2nd St.

1

Bleecker St

2 Av

P.37 Prune
P.39 Katz's Delicatessen

E. 1st St.

E Houston St.

P.36
Clinton St. Baking Company & Restaurant

Wowfulls P.92

- Lafayette St
Works Bookstore Cafe   • Bavel Fair

Whole Foods Market
(Bowery) P.27

The Gem Hotel
SoHo

Russ & Daughters P.56

Stanton St.

2

P.79 Habana To Go
Ina •
McNally Jackson Books P.94
— McNally Jackson Cafe

P.43
New Museum

• Dacia Gallery

Edith Machinist Vintage Boutique •

375° Thrice Cooked Fries P.78

Suffolk St.
Norfolk St.
Clinton St.
Rivington St.

諾利塔
NOLITA

P.92
Morgenstern's Finest Ice Cream
Off Soho Suites Hotel

Russ & Daughters Cafe P.56

Delancey St.

y Street Hotel

Sara D.
Roosevelt Park

Gallery Bar

Delancey St - Essex St

Spring St
The Butcher's Daughter
Eileen's Special
Cheesecake P.110

Black Seed Bagels P.16

Bowery

Petee's Pie Company
P.112

Blue Moon Hotel
Tenement Museum

下東城
Lower East Side

Broome St.

3

• Calypso

Cha Cha Matcha P.92,113

Grand St.

Roasting Plant Coffee •

Kossar's Bialys •

• DOUGHNUT PLANT

Grand St.

• Allan & Suzi

B
D

Grand St

Orchard St.
Ludlow St.
Essex St.

pton
tney Co. P.79
Black Tap Craft Burgers & Beer
P.76

Golden Steamer P.58

Hester St.

Allen St.
Eldridge St.

• Cheeky Sandwiches

P.139 Metrograph

Seward Park

P.92
Ice & Vice

小義大利
Little Italy

May Wah Fast Food P.58

Canal St.

P.80 Dimes Deli

East Broadway

4

J
Z
Canal St

Taipan Bakery •

Canal St.

E. Broadway

Henry St.

Little Flower
Playground

Cherry St.

al St

唐人街
Chinatown
P.58
Mei Li Wah
Xi'an Famous Foods P.58

Mott St.
Bayard St.

Confucius
Plaza

Bowery

Division St.

Madison St.

Pell St.

Mosco St.
Nom Wah Tea Parlor P.58
Hop Kee P.58

N.Y. State Court House

Park Row

St. James Place

Coleman Square
Playground

Catherine St.

East River

5

A   B   C

♫ Blue Note P.132
🍴 Pommes Frites P.78
New York Univ

W. 3rd St.

P.101 The Donut Project 🍴
† St. Luke in the Fields

P.79 Kati Roll Company 🍴
• Saigon Shack
Molly's Cupcakes 🍴
P.111
Bleecker St. 🍴 By CHLOE. P.78,80
New York University ⊗

🍴 Cafe Dante P.141

W. Houston St.
Hollister Co.
Brigadeiro Bakery •

P.43 Chobani 🍴
蘇活
American Eagle Outfitters •

SOHO
Expre

P.18 Birdbath Bakery 🍴
P.105
Prince St. P.114
Marc Jacobs 🛍
Prince St

Houston St
Bite Beauty 🛍
Cole Haan • miu miu •
PINK •

G E
• Grobal Table
P.80 Dean & Deluca 🛍
Sephora •

Spring St
P.114 Rag & Bone 🛍

P.93,113 Dominique Ansel Bakery 🍴
P.114 Rebecca Minkoff 🛍
• Aquagrill
• LeSportsac
Spring St.

John Masters Organics P.105 🛍
P.114 Michael Kors

P.114 Anna Sui
Bloomingdale's Soho
Marie Belle •
P.114
Kate Spade 🛍 Broome St.
P.41 Harney & S

James.J.Walker
Park

🍴 Baz Bagle & Restaurant P.16
P.114 Theory 🛍
Saturday Su

Grand St.

P.114 Alexander Wang 🛍
P.143 Duane Reade 🛍

Canal St

Tribeca Cinemas •
A C E Canal St
Canal St.

St. John's Park
Canal St
N Q R W

• Wolfgang's Steakhouse

Franklin St

Steven Alan •
Franklin St.

N. Moore St.
翠貝卡
Tribeca

P.19 Arcade Bakery 🍴
Worth St.

⊗ Brough of Manhattan Community College
Duane St.

Federal Bl

Hudson River

182
180
178   184
176   185
174
185
185

Soho~
Lower East Side

0   100   200m
1:10,500

177

D

230 Fifth P.119

P.37 Sarabeth's
28 St

Madison Square Park

Jazz Standard P.132
E. 27th St.

E. 26th St.

Bellevue Hospital Center
Bellevue
South Park

E. 25th St.

Baruch College
E. 24th St.

N R W
23 St
30 Eataly

P.39,76
Shake Shack

23 St

E. 23rd St.

E. 23rd St.

格拉梅西
Gramercy

5th Ave
Broadway
Park Ave. S

P.36 Maialino

E. 22nd St.

3rd Ave.

2nd Ave.

1st Ave.

E. 21st St.

Gramercy Park

E. 20th St.

E. 20th St.

Kate Spade P.85
Theodore Roosevelt Birthplace
P.54
Gramercy Tavern

Dough
nuts
Bakery
P.85

P.107 Fishs Eddy

Madewell
P.85

ABC Carpet & Home

ABC Kitchen

Pete's Tavern
E. 19th St.

71 Irving Farm

Old Town Bar Restaurant

E. 18th St.

7th St.

P.93 Kellogg's NYC
J. Crew P.85

.91 Anthropologie

Breads Bakery

Coach P.85

Barnes & Noble P.84

Dylan's Candy Bar P.84

Lexington Ave.

E. 17th St.

Hotel 17

聯合廣場
Union Square

E. 16th St.

Stuyvesant Sq. Park

Union Square Greenmarket P.20,112

Union Square

14 St - Union Sq

N
Q
R
W

E. 15th St.

Nordstorm Rack P.29,84

Duane Reade P.143

3 Av

4th St.

L

E. 14th St.

1 Av

P.89 DSW

P.27 Whole Foods Market(Union Sq)

14 St - Union Sq

Trader Joe's P.84

Kiehl's P.84

E. 13th St.

Momofuku Milk Bar P.113

1st Ave.

Forbes Magazine Galleries

Strand Book Store

P.95

Think Coffee P.40

E. 12th St.

2nd Ave.

E. 11th St.

3rd Ave.

4th Ave.

Presbyterian
Church
tel

Peacefood Cafe

Grace Church

Tim Ho Wan P.60

P.110 Veniero's

Dessert Club,ChikaLicious

E. 10th St.

ChikaLicious

W. 10th St.

格林威治村
Greenwich Village

5th Ave

W. 9th St.

Mudspot P.41

Veselka P.144

E. 9th St.

Xi'an Famous Foods

P.77
Crif Dogs

rger Joint P.76

Astor Pl

P.111 Butter Lane Bakery

Orpheum Theatre P.124

E. 8th St.

The Cooper Union

P.77 Luke's Lobster

8 St - NYU

N
R
W

W. 8th St.

E. 7th St.

Van Leeuwen Artisan
Ice Cream P.141

hington
re Hotel

Washington Square North

Astor Place Theatre

The Public Theatre

P.128 Mighty
Quinn's Barbeque

E. 6th St.

Washington Square Park

Mercer St.

Broadway

蘇活
Noho

Bowery

The Standard East Village

E. 5th St.

東村
East Village

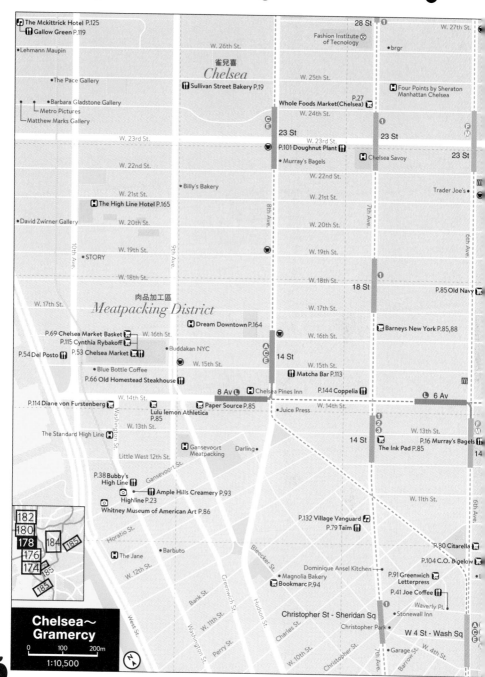

The Mckittrick Hotel P.125
Gallow Green P.119

Lehmann Maupin

W. 26th St.

雀兒喜
Chelsea

Sullivan Street Bakery P.19

The Pace Gallery

Barbara Gladstone Gallery
Metro Pictures
Matthew Marks Gallery

28 St

Fashion Institute
of Tecnology

W. 27th St.

brgr

Four Points by Sheraton
Manhattan Chelsea

W. 25th St.

Whole Foods Market(Chelsea)

P.27

W. 24th St.

W. 23rd St.

23 St

23 St

P.101 Doughnut Plant

Murray's Bagels

W. 23rd St.

23 St

Chelsea Savoy

W. 22nd St.

W. 22nd St.

Billy's Bakery

W. 21st St.

W. 21st St.

Trader Joe's

The High Line Hotel P.165

W. 20th St.

W. 20th St.

David Zwirner Gallery

W. 19th St.

W. 19th St.

STORY

W. 18th St.

W. 18th St.

18 St

P.85 Old Navy

W. 17th St.

肉品加工區
Meatpacking District

W. 17th St.

Dream Downtown P.164

Barneys New York P.85,88

P.69 Chelsea Market Basket
P.115 Cynthia Rybakoff
P.54 Del Posto   P.53 Chelsea Market

W. 16th St.

Buddakan NYC

14 St

Blue Bottle Coffee

W. 15th St.

W. 15th St.

Matcha Bar P.113

P.66 Old Homestead Steakhouse

8 Av   Chelsea Pines Inn

P.144 Coppelia

6 Av

P.114 Diane von Furstenberg

W. 14th St.

Lulu lemon Athletica
P.85

Paper Source P.85

Juice Press

14 St

W. 13th St.

The Standard High Line

W. 13th St.

The Ink Pad P.85

P.16 Murray's Bagels

14

Little West 12th St.

Gansevoort
Meatpacking

Darling

P.38 Bubby's
High Line

Gansevoort St.

Ample Hills Creamery P.93

Highline P.23

W. 11th St.

Whitney Museum of American Art P.86

P.132 Village Vanguard

P.79 Taïm

182
180
178   184   185
176
174
185

185

The Jane

Barbuto

Horatio St.

R.80 Citarella

P.104 C.O. Bigelow

W. 12th St.

Dominique Ansel Kitchen

Magnolia Bakery
Bookmarc P.94

P.91 Greenwich
Letterpress

P.41 Joe Coffee

Bank St.

Waverly Pl.

Christopher St - Sheridan Sq

Stonewall Inn

Christopher Park

W 4 St - Wash Sq

Charles St.

Christopher St.

Garage

W. 4th St.

Chelsea~
Gramercy

0   100   200m

1:10,500

Barrow St.

179

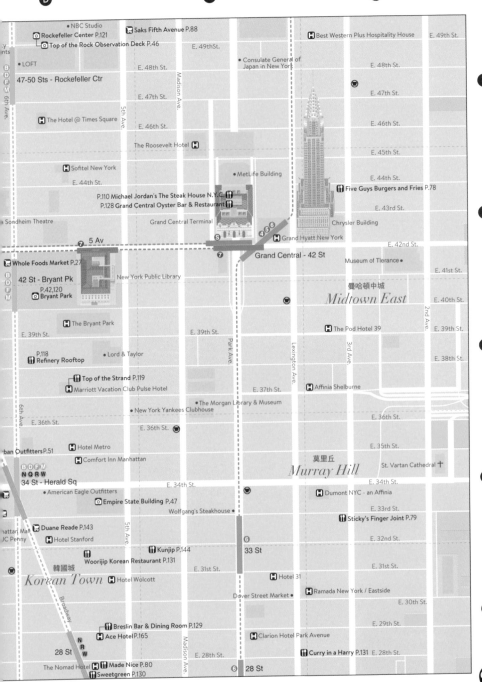

D **E** **F**

- NBC Studio
- Rockefeller Center P.121
- Top of the Rock Observation Deck P.46
- Saks Fifth Avenue P.88
- Best Western Plus Hospitality House
- E. 49th St.
- E. 49thSt.

- LOFT
- Consulate General of Japan in New York
- E. 48th St.
- E. 48th St.

47-50 Sts - Rockefeller Ctr

E. 47th St.
E. 47th St.

The Hotel @ Times Square
E. 46th St.
E. 46th St.

The Roosevelt Hotel
E. 45th St.

Sofitel New York
MetLife Building
E. 44th St.
E. 44th St.

P.110 Michael Jordan's The Steak House N.Y.C.
P.128 Grand Central Oyster Bar & Restaurant
Five Guys Burgers and Fries P.78

Sondheim Theatre
Grand Central Terminal
E. 43rd St.
Chrysler Building

5 Av
Grand Central - 42 St
Grand Hyatt New York
E. 42nd St.

Whole Foods Market P.27
New York Public Library
Museum of Tlerance
E. 41st St.

42 St - Bryant Pk
P.42,120
Bryant Park
曼哈頓中城
Midtown East
E. 40th St.

The Bryant Park
The Pod Hotel 39
E. 39th St.
E. 39th St.
E. 39th St.

P.118
Refinery Rooftop
Lord & Taylor
E. 38th St.

Top of the Strand P.119
Marriott Vacation Club Pulse Hotel
Affinia Shelburne
E. 37th St.

The Morgan Library & Museum
New York Yankees Clubhouse
E. 36th St.
E. 36th St.
E. 36th St.

E. 35th St.

ban Outfitters P.51
Hotel Metro
Comfort Inn Manhattan
莫里丘
Murray Hill
St. Vartan Cathedral

34 St - Herald Sq
E. 34th St.
E. 34th St.
Dumont NYC - an Affinia

American Eagle Outfitters
Empire State Building P.47
E. 33rd St.
Wolfgang's Steakhouse
Sticky's Finger Joint P.79

Duane Reade P.143
JC Penny
Hotel Stanford
33 St
E. 32nd St.

Kunjip P.144
Woorijip Korean Restaurant P.131
E. 31st St.
E. 31st St.

韓國城
Korean Town
Hotel Wolcott
Hotel 31

Dover Street Market
Ramada New York / Eastside
E. 30th St.

Breslin Bar & Dining Room P.129
Ace Hotel P.165
Clarion Hotel Park Avenue
E. 29th St.

28 St
E. 28th St.
Curry in a Harry P.131 E. 28th St.

The Nomad Hotel Made Nice P.80
Sweetgreen P.130
28 St

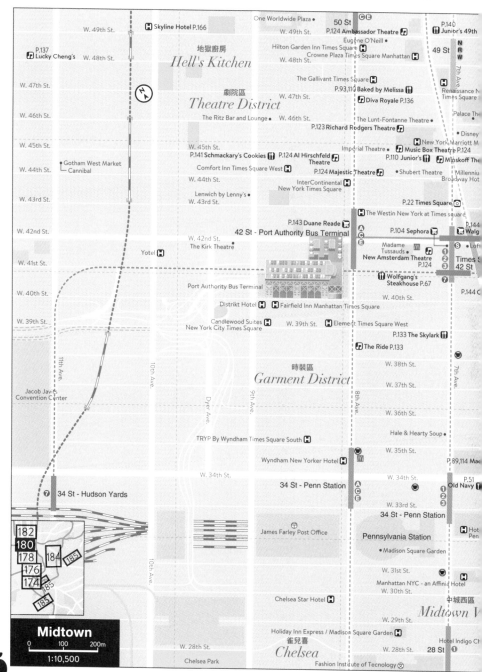

D | **E** | **F**

E. 74th St.

Madison Ave.

Park Ave.

3rd Ave.

E. 74th St.

York Ave.

E. 73rd St.

E. 73rd St.

milly •

72 St Q

1

E. 72nd St.

E. 72nd St.

E. 71st St.   • Ralph Lauren

• Emilio Pucci

E. 71st St.

勒諾克斯丘

Lenox Hill

ick Collection •

E. 70th St.

• Tom Ford

• Asia Society & Museum

E. 70th St.

E. 69th St.

6

E. 69th St.

Hunter College of The City Univercity of New York ⊗

68 St / Hunter College

E. 68th St.

2nd Ave.

5th Ave.

E. 68th St.

Madison Ave.

• Tory Burch

E. 67th St.

Park Ave.

E. 67th St.

1st Ave.

2

E. 66th St.

• Seventh
Regiment
Armory

E. 66th St.

Lexington Ave.

E. 65th St.

⚫ 上東城

Upper East Side

E. 65th St.

entral Park Zoo

E. 64th St.

• Daniel •

E. 64th St.

E. 63rd St.

F Q Lexington Av / 63 St

E. 63rd St.

York Ave.

3

E. 62nd St.

⚫

E. 62nd St.

E. 61st St.

e Pierre, A Taj H
ew York Hotel

• Barneys
New York

P.111 Sprinkles Cupcakes 🍴

Lexington Av /
59 St

E. 61st St.

Dylan's Candy Bar

🍴 Serendipity3 P.76

E. 60th St.

R W

5 Av / 59 St

E. 60th St.

N Q R W

🍴 Bloomingdale's P.114

🍴 Magnolia Bakery P.111

T.J. Maxx •

4

he Plaza Food Hall P.53

Plaza

• Bally

59 St

4
5
6

E. 59th St.

E. 58th St.

• Apple Store

argdorf
odman •
ouis Vuitton •

Burberry

Chanel   P.114

🛍 Coach H Four Seasons Hotels New York

E. 57th St.

🛍 Whole Foods Market P.27

E. 57th St.

1st Ave.

Prada •
he

• Tiffany • Nike Town

• Trump Tower

• Gucci

🍴 The Blue Box Cafe P.34

BLT Steak

• Lips

E. 56th St.

P.75
endel 🛍

5th Ave.

• Armani 5th Avenue

• Sony Plaza

E. 55th St.

Seasonal Market

Park Ave.

• Bottega Veneta

Lexington Ave.

3rd Ave.

2nd Ave.

olo Blahnik

E. 54th St.

E. 54th St.

Museum of Morden Art (MoMA) P.86

• Citigroup Center

E. 53rd St.

Uniqlo E M 5 Av / 53 St
and Salon
5

E M Lexington Av / 53 St

5

• Salvatore Ferragamo

• Cartier

Courtyard New York H
Manhattan Midtown East

E. 52nd St.

• Jimmy Choo

E. 51st St.

6

51 St

🍴 Upstairs at the Kimberly P.119

E. 51st St.

🍴 The Pod 51 P.166

Patrick's Cathedral ✝

St. Bartholomews Church ✝

H The New York Palace Hotel

H The Kimberly Hotel

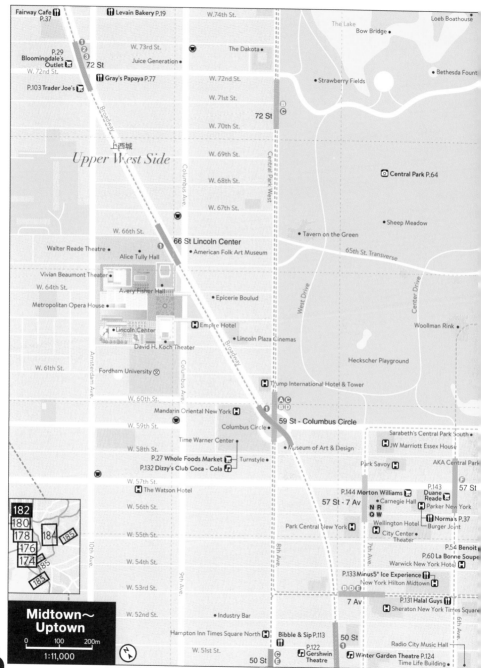

A
B
C

Fairway Cafe P.37

Levain Bakery P.19

W. 74th St.

The Lake

Loeb Boathouse

Bow Bridge

P.29
Bloomingdale's
Outlet

W. 73rd St.

Juice Generation

The Dakota

Strawberry Fields

Bethesda Fount

72 St

W. 72nd St.

Gray's Papaya P.77

W. 72nd St.

W. 71st St.

P.103 Trader Joe's

72 St

W. 70th St.

上西城
Upper West Side

W. 69th St.

Columbus Ave.

Central Park West

Central Park P.64

W. 68th St.

W. 67th St.

Sheep Meadow

W. 66th St.

Walter Reade Theatre

66 St Lincoln Center

Tavern on the Green

Alice Tully Hall

American Folk Art Museum

65th St. Transverse

Vivian Beaumont Theater

W. 64th St.

Avery Fisher Hall

Epicerie Boulud

West Drive

Center Drive

Metropolitan Opera House

Lincoln Center

Empire Hotel

Woollman Rink

David H. Koch Theater

Lincoln Plaza Cinemas

Amsterdam Ave.

Columbus Ave.

Broadway

Heckscher Playground

W. 61st St.

Fordham University

W. 60th St.

Trump International Hotel & Tower

Mandarin Oriental New York

Ⓐ Ⓒ
Ⓑ Ⓓ

59 St - Columbus Circle

W. 59th St.

Columbus Circle

Sarabeth's Central Park South

JW Marriott Essex House

Time Warner Center

Museum of Art & Design

AKA Central Park

W. 58th St.

Park Savoy

P.27 Whole Foods Market

Turnstyle

P.132 Dizzy's Club Coca - Cola

57 St

W. 57th St.

The Watson Hotel

P.144 Morton Williams

P.143
Duane
Reade

57 St - 7 Av

Carnegie Hall

W. 56th St.

10th Ave.

N R
Q W

Parker New York

Norma's P.37
Burger Joint

Wellington Hotel

Park Central New York

City Center
Theater

P.54 Benoit

W. 55th St.

9th Ave.

7th Ave.

P.60 La Bonne Soupe

Warwick New York Hotel

W. 54th St.

P.133 Minus5° Ice Experience

New York Hilton Midtown

Ⓑ Ⓓ Ⓔ

W. 53rd St.

8th Ave.

7 Av

P.131 Halal Guys

Sheraton New York Times Square

182
180
178
176
174

184

185

185

185

**Midtown~
Uptown**

W. 52nd St.

Industry Bar

Hampton Inn Times Square North

Bibble & Sip P.113

50 St

Radio City Music Hall

6th Ave.

0   100   200m

1:11,000

W. 51st St.

50 St

P.122
Gershwin
Theatre

Ⓒ Ⓔ

Winter Garden Theatre P.124

Time Life Building

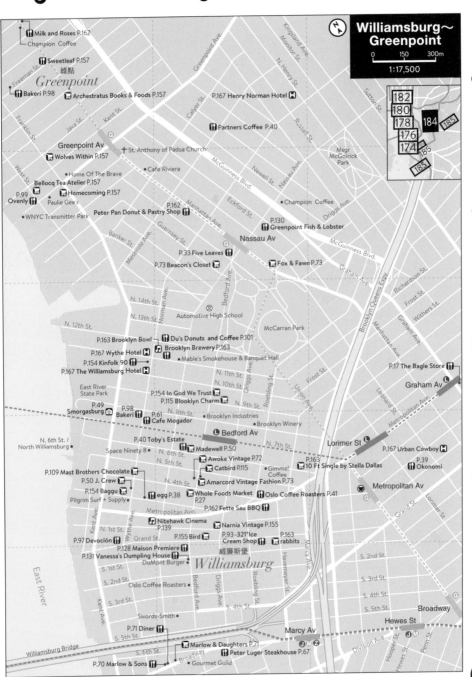

D **E** **F**

Williamsburg~
Greenpoint

0   150   300m

1:17,500

1

182
180
178   184   185
176   185
174   185
185

2

Milk and Roses P.162
Champion Coffee

Sweetleaf P.157

綠點
Greenpoint
Bakeri P.98   Archestratus Books & Foods P.157

P.167 Henry Norman Hotel

Partners Coffee P.40

Greenpoint Av
Wolves Within P.157   † St. Anthony of Padua Church
• Home Of The Brave   • Cafe Riviera
Bellocq Tea Atelier P.157
P.99   • Homecoming P.157
Ovenly   • Paulie Gee's
• WNYC Transmitter Park   Peter Pan Donut & Pastry Shop   P.162

Msgr
McGolrick
Park

• Champion Coffee

P.130
Greenpoint Fish & Lobster

Nassau Av

P.33 Five Leaves

P.73 Beacon's Closet   Fox & Fawn P.73

N. 14th St.
N. 13th St.   Automotive High School

McCarran Park

N. 12th St.

P.163 Brooklyn Bowl   Du's Donuts and Coffee P.101
P.167 Wythe Hotel   Brooklyn Brewery P.163
P.154 Kinfolk 90   • Mable's Smokehouse & Banquet Hall
P.167 The Williamsburg Hotel

P.17 The Bagle Store

Graham Av

East River
State Park
P.49   P.98   N. 10th St.
Smorgasburg   Bakeri   P.61   N. 9th St.
P.154 In God We Trust
P.115 Blooklyn Charm
Cafe Mogador   • Brooklyn Industries
• Brooklyn Winery

P.40 Toby's Estate   Bedford Av

N. 6th St. /
North Williamsburg   Madewell P.50
Space Ninety 8 •   N. 6th St.
Awoke Vintage P.72
N. 5th St.   Catbird P.115   • Gimme!
Coffee
P.109 Mast Brothers Chocolate   N. 4th St.   Amarcord Vintage Fashion P.73
P.50 J. Crew   egg P.38   Whole Foods Market   Oslo Coffee Roasters P.41
P.154 Baggu   P.27
Pilgrim Surf + Supply •   P.162 Fette Sau BBQ
Metropolitan Ave.   Nitehawk Cinema
P.139   Narnia Vintage P.155
P.97 Devoción   P.155 Bird   P.93-321°Ice   P.163
Grand St.   Cream Shop   rabbits
P.128 Maison Premiere
P.131 Vanessa's Dumpling House   威廉斯堡
DuMont Burger •   *Williamsburg*
S. 1st St.
S. 2nd St.   Oslo Coffee Roasters •
S. 3rd St.

Lorimer St   P.167 Urban Cowboy
P.163   P.39
10 Ft Single by Stella Dallas   Okonomi

Metropolitan Av

S. 2nd St.

S. 3rd St.

Swords-Smith •

P.71 Diner

East River

Williamsburg Bridge   S. 5th St.
S. 6th St.   Marlow & Daughters P.71
P.70 Marlow & Sons   Peter Luger Steakhouse P.67
• Gourmet Guild

S. 4th St.

S. 5th St.   Broadway

Hewes St

Marcy Av

3

4

5

184

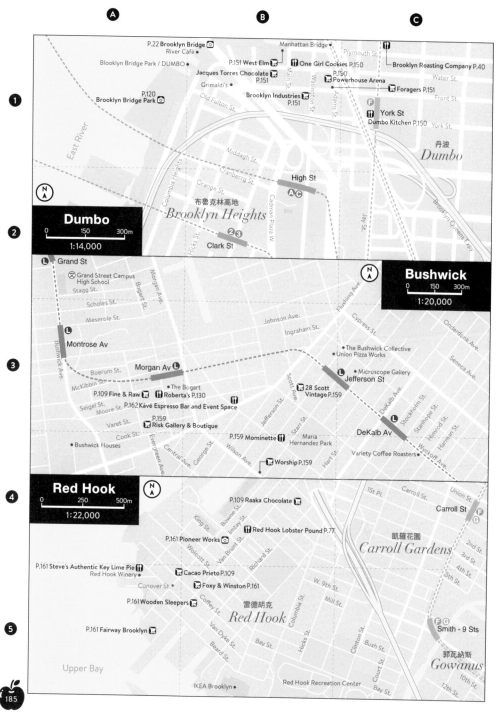

A B C

1

P.22 Brooklyn Bridge
River Café •
Blooklyn Bridge Park / DUMBO •
Jacques Torres Chocolate
P.151
Grimaldi's •
P.120
Brooklyn Bridge Park

Manhattan Bridge •
P.151 West Elm
One Girl Cookies P.150
Plymouth St.
Brooklyn Roasting Company P.40
P.150
Powerhouse Arena
Water St.
Foragers P.151
Front St.
Brooklyn Industries
P.151
York St
Dumbo Kitchen P.150
York St.
丹波
Dumbo

East River

Middagh St.
Cranberry St.
High St
Orange St.
布魯克林高地
Brooklyn Heights

N

Dumbo
0   150   300m
1:14,000

Columbia Heights
Cadman Plaza W.
Hicks St.
Clark St

High St
Ⓐ Ⓒ
❷❸

Jay St.

2

3

Ⓛ Grand St
Grand Street Campus
High School
Stagg St.
Scholes St.
Meserole St.

Ⓛ Montrose Av
Boerum St.
McKibbin St.
P.109 Fine & Raw
Seigel St.
Moore St. P.162 Kávé Espresso Bar and Event Space
Varet St.
P.159
Risk Gallery & Boutique
Cook St.
• Bushwick Houses
Evergreen Ave.
Central Ave.
George St.

Johnson Ave.
Ingraham St.
Morgan Av Ⓛ
• The Bogart
Roberta's P.130

Flushing Ave.
Cypress St.
•The Bushwick Collective
•Union Pizza Works

Onderdonk Ave.

Seneca Ave.

• Microscope Gallery
Jefferson St

28 Scott
Vintage P.159
Scott Ave.
Jefferson St.
Starr St.
P.159 Mominette
Maria
Hernandez Park
Wilson Ave.
Hart St.
Worship P.159

DeKalb Ave.
Ⓛ
Stockholm St.
Stanhope St.
Himrod St.

DeKalb Av
Wyckoff Ave.
Harman St.

Variety Coffee Roasters •

N

Bushwick
0   150   300m
1:20,000

4

Red Hook
0   250   500m
1:22,000

N

P.109 Raaka Chocolate
King St.
Bowne St.
Imlay St.
Red Hook Lobster Pound P.77
Wolcott St.
P.161 Pioneer Works
P.161 Steve's Authentic Key Lime Pie
Red Hook Winery •
Conover St. •
Cacao Prieto P.109
Foxy & Winston P.161
P.161 Wooden Sleepers
Coffey St.
雷德胡克
Red Hook

P.161 Fairway Brooklyn

Upper Bay

Van Dyke St.
Beard St.
IKEA Brooklyn

Van Brunt St.
Richard St.
W. 9th St.
Mill St.
Columbia St.

1St Pl.
Carroll St.
Union St.
Carroll St
Ⓕ Ⓖ
凱羅花園
Carroll Gardens
2nd St.
3rd St.
4th St.
5th St.

Hicks St.
Clinton St.
Bush St.
Court St.

Red Hook Recreation Center
Bay St.

Ⓕ Ⓖ
Smith - 9 Sts
郭瓦納斯
Gowanus
10th St.
12th St.

24H *New York* guide **INDEX**

Brooklyn Bowl — 163
Brooklyn Museum — 120
Brooklyn Roasting Company — 40
Breslin Bar & Dining Room — 129
Bakeri — 98
Baked by Mellissa — 93, 111
Bellocq Tea Atelier — 157
Bond No.9 — 105
by CHLOE — 78, 80

C
Cacao Prieto — 109
Caffe Dante — 141
Cafe Mogador — 61
Curry In a Hurry — 131
Catbird — 115
Christian Louboutin — 88
Crif Dogs — 77
Clinton St. Baking Company & Restaurant — 36
Coach — 85, 114
CVS — 144
C.O. Bigelow — 104
Citarella — 80
City Store — 68, 106
Cynthia Rybakoff — 115
Chelsea Market — 53, 85, 106
Chelsea Market Baskets — 69
Cha Cha Matcha — 92, 113
Chobani — 43
Century 21 — 28, 89
Central Park — 64

D
Diane von Furstenberg — 114
Diner — 71
Dimes Deli — 80
Dumbo Kitchen — 149, 150
DSW — 84, 89
Diva Royale — 136
Dean & Deluca — 80
Dizzy's Club Coca-Cola — 132
Dylan's Candy Bar — 84
Devoción — 96, 153
Duane Reade — 84, 142, 144
Del Posto — 54
Doughnut Plant — 101

A
Archestratus Books & Foods — 157
Arcade Bakery — 19
Anna Sui — 114
Amarcord Vintage Fashion — 73
American Museum of Natural History — 86
Al Hirschfeld Theatre (Kinky Boots) — 124
Alexander Wang — 114
Anthropologie — 85, 91
Ambassador Theater (Chicago) — 124
Ample Hills Creamery — 93
Ace Hotel — 165
Amy Ruth's — 130
Awoke Vintage — 72

B
Burger Joint — 76
Bird — 153, 155
Birdbath Bakery — 18
Barneys New York — 85, 88
Barnes & Noble — 84
Bar Primi — 129
Bite Beauty — 105
Bowne & Co Stationers — 90
Baggu — 153, 154, 163
Baz Bagel & Restaurant — 16
Butter Lane Bakery — 111
Bubby's High Line — 38, 112
Beacon's Closet — 73
Bibble & Sip — 113
Bookmarc — 94
Benoit — 54, 92
Bryant Park — 120
Black Seed Bagels — 16
Black Tap Craft Burgers & Beer — 76, 92
Blue Sky Bakery — 19
Blue Note — 132
Bloomingdale's — 114
Bloomingdale's Outlet — 29
Brooklyn Industries — 149, 151
Brooklyn Slate Company — 163
Brooklyn Charm — 115
Brooklyn Farmacy & Soda Fountain — 162
Brooklyn Bridge — 22, 149
Brooklyn Bridge Park — 120, 149
Brooklyn Brewery — 163

Henry Norman Hotel — 167
Henri Bendel — 74
Homecoming — 157
Hop Kee（合記飯店）— 58
Hotel Beacon — 166
Hotel Belleclaire — 166

I
Ice & Vice — 92
In God We Trust — 153, 154
iPic Theaters — 139

J
J. Crew — 50, 85
Jacques Torres Chocolate — 149, 151
Jazz Standard — 132
Junior's — 110, 140, 162
Joe Coffee — 41
John Derian — 91
John Masters Organics — 105

K
Katz's Delicatessen — 39
Kati Roll Company — 79
Kiehl's — 84, 104
Kinfolk 90 — 153, 154
Kunjip — 144
Kávé Espresso Bar and Event Space — 162
Kate Spade — 85, 114
Kellogg's NYC — 93

L
Lucky Cheng's — 137
Lafayette Grand Café & Bakery — 99
La Bonne Soupe — 60
Luke's Lobster — 77
Loopy Doopy Rooftop Bar — 92
Levain Bakery — 19
Lululemon Athletica — 85
Long Island City — 120

M
Museum of Modern Art（MoMA）— 86, 133
Marc Jacobs — 114
Marshalls — 29
Marlow Goods — 70

Du's Donuts and Coffee — 101
Dough Doughnuts — 100
Dominique Ansel Bakery — 93, 113
Dream Downtown — 164

E
Eataly — 80
Eli's Zabar — 80
Ellis Island — 42
Empire State Building — 46
Eileen's Special Cheesecakes — 110
egg — 38

F
Five Leaves — 32
Fine & Raw — 109
Fishs Eddy — 85, 107
Fairway Café — 37
Fairway Brooklyn — 161
Fette Sau BBQ — 162
Four & Twenty Blackbirds — 112
Foxy & Winston — 161
Fox & Fawn — 73
Foragers — 151
Five Guys Burgers and Fries — 78

G
Gershwin Theatre（Wicked）— 122
Gallow Green — 119
Good Enough to Eat — 38
Gramercy Tavern — 54
Grand Salon — 55
Grand Central Oyster Bar & Restaurant — 128
Greenpoint Fish & Lobster — 130
Greenwich Letterpress — 91
Gary's Papaya — 77
Golden Steamer（蒸包星）— 58

H
Harney & Sons — 41
High Line — 23
High Line Hotel — 165
Hudson Eats（Brookfield Place）— 52
Habana To Go — 79
Halal Guys — 131
Hampton Chutney Co. — 79

O

Ovenly — 99
Old Navy — 51, 85
Old Homestead Steakhouse — 66
Okonomi — 39
Oslo Coffee Roasters — 41
Orpheum Theatre（Stomp） — 124
One Girl Cookies — 149, 150
One World Observatory — 47

P

Partners Coffee — 40
Payless — 89
Paper Source — 85
Peter Luger Steakhouse — 67
Peter Pan Donut & Pastry Shop — 162
Petee's Pie Company — 112
Pioneer Works — 161
Pommes Frites — 78
Powerhouse Arena — 150
Prune — 37

R

Raaka Chocolate — 109
Rag & Bone — 114
Russ & Daughters — 56
Russ & Daughters at the Jewish Museum — 57
Russ & Daughters Café — 56
Risk Gallery & Boutique — 159
Richard Rodgers Theatre（Hamilton） — 123
Refinery Rooftop — 118
Red Hook Lobster Pound — 77
Red Rooster — 129
Rebecca Minkoff — 114
Rockefeller Center — 121
Roberta's — 130
rabbits — 163

S

Solomon R. Guggenheim Museum — 86, 133
Saks Fifth Avenue — 88
Saraghina Bakery — 18
Sarabeth's — 37, 38
Sullivan Street Bakery — 19
Shake Shack — 39, 76, 149
Schmackary's Cookies — 141

Marlow & Sons — 70
Marlow & Daughters — 71, 106
Maialino — 36
Michael Kors — 114
Michael Jordan's The Steak House N.Y.C. — 110
Mighty Quinn's Barbeque — 128
Minus 5° Ice Experience — 133
McNally Jackson Books — 94
Magnolia Bakery — 111
Majestic Theatre（The Phantom of the Opera） — 124
Mast Brothers Chocolate — 109
McKittrick Hotel（Sleep No More） — 125
MatchaBar — 113
Mudspot — 41
Manolo Blahnik — 88
Murray's Bagels — 16
Manhattan Bridge — 149
Music Box Theatre（Dear Evan Hansen） — 124
Milk and Roses — 162
Mille-Feuille Bakery — 99
Minskoff Theatre（The Lion King） — 124
Macy's — 89, 114
Made Nice — 80
Madewell — 50, 85
May Lai Wah（美麗華） — 58
May Wah Fast Food（華美） — 58
Maison Premiere — 128
Metrograph — 138
Morgenstern's Finest Ice Cream — 92
Morton Williams — 144
Mominette — 159
Momofuku Milk Bar — 113
Molly's Cupcakes — 111
Morris Kitchen — 163

N

Nitehawk Cinema — 139
Ninth Street Espresso — 41
Narnia Vintage — 155
New Amsterdam Theatre（Aladdin） — 124
North End Grill — 129
Nordstrom Rack — 29, 84
NORMA'S（Parker New York Hotel內） — 37, 39
Nom Wah Tea Parlor（南華茶室） — 58

Union Square Green Market — 20, 112

V
Vanessa's Dumpling House — 131
Van Leeuwen Artisan Ice Cream — 141
Village Vanguard — 132
Veselka — 144
Veniero's — 110

W
Whole Foods Market — 24, 84
Whitney Museum of American Art — 86, 133
William Greenberg desserts — 113
Winter Garden Theatre（School of Rock） — 124
West Elm — 149, 151
Worship — 159
Wall Street — 23
Walgreens — 144
Wooden Sleepers — 161
Wolfgang's Steakhouse — 67
Wolves Within — 157
Woorijip Korean Restaurant — 131
Wythe Hotel — 153, 167
Wowfulls — 92

X
Xi'an Famous Foods（西安名吃） — 58

Z
Zabar's — 102, 106

數字與其他
-321° Ice Cream Shop — 93
10 Ft Single By Stella Dallas — 163
28 Scott Vintage — 159
230 Fifth — 119
375° Thrice Cooked Fries — 78

Sweetgreen — 130
Sweetleaf — 157
Skyline Hotel — 166
Statue Cruises — 14, 42
Staten Island Ferry — 14
Steve's Authentic Key Lime Pie — 161
Sticky's Finger Joint — 79
Strand Book Store — 95, 106
Sprinkles Cupcakes — 111
Smorgasburg — 48, 153
Sephora — 104
Serendipity3 — 76

T
The Ink Pad — 85
The Williamsburg Hotel — 167
The Blue Box Café — 34
The City Bakery — 85
Think Coffee — 40
The Skylark — 133
Theory — 114
Target — 126
Taïm — 79
Times Square — 22, 144
T.J.Maxx — 29
Tim Ho Wan（添好運） — 60
The Doughnut Project — 101
Two Boots Pizza — 79
Two Little Red Hens — 110
Top of the Strand — 119
Top of the Rock Observation Deck — 46
Toby's Estate — 40
Trader Joe's — 84, 103, 107
The Plaza Food Hall — 53
The Bagel Store — 17, 153
The Beekman, a Thompson Hotel — 165
The Pod 51 — 166
The Ride — 133
The Met Breuer — 43, 133
The Metropolitan Museum of Art（MET） — 30, 133

U
Upstairs at the Kimberly — 119
Urban Outfitters — 51, 104
Urban Cowboy — 167
Underwest Donuts — 101

#manhattan #midtown
#juniors #timessquare

#williamsburg #bedford_ave_sta
#jusbyjulie

#yellowcab #eastvillage
#很有紐約的感覺呢

#chelseamarket #artistsandfleas
#忍不住又買了

#blackseedbagels #lox
#蒙特妻貝果

#brooklynbridge #dumbo
#可以走過大橋

#lowereastside #pink
#可愛的房子

#timhowanusa #dimsum
#米其林指南

#chachamatcha #latte
#店裡都是女性顧客

#morning #landscape
#soho #prince_st

#cupcake #mollys #mixedberry
#kawaii

#williamsburg #cafebeit
#hipster #時尚

#by_chloe #love #yummy
#healthy

cafemogador #moroccan_food
#吃超撐

#brooklyn #bike
#art

#zabars #upperwestside #超愛

#lowermanhattan #WTC

#brooklyn_pharmacy_and_soda_
fountain #以前是藥局#現在是餐館

TITLE

24H紐約漫旅

STAFF

出版	瑞昇文化事業股份有限公司
編者	朝日新聞出版
譯者	沈俊傑
總編輯	郭湘齡
責任編輯	徐承義
文字編輯	蕭妤秦
美術編輯	許菩真
排版	二次方數位設計　翁慧玲
製版	明宏彩色照相製版股份有限公司
印刷	桂林彩色印刷股份有限公司
法律顧問	立勤國際法律事務所　黃沛聲律師
戶名	瑞昇文化事業股份有限公司
劃撥帳號	19598343
地址	新北市中和區景平路464巷2弄1-4號
電話	(02)2945-3191
傳真	(02)2945-3190
網址	www.rising-books.com.tw
Mail	deepblue@rising-books.com.tw
初版日期	2020年1月
定價	400元

ORIGINAL JAPANESE EDITION STAFF

編集制作	株式会社RUSH（田中美弥子、ほりえりほ、鈴木幸子、山田あやか）土井明日菜、堀家かよ、山内智代
執筆	海心珠、葦原チャコ、田中美弥子
撮影	葦原チャコ、井田貴子、夏野うた子
現地コーディネート	葦原チャコ
表紙デザイン	iroiroinc.（佐藤ジョウタ）
本文デザイン	iroiroinc.（佐藤ジョウタ、永吉悠真）
デザイン協力	佐藤アサミ
イラスト	竹本綾乃
マップ	s-map
企画・編集	朝日新聞出版 生活・文化編集部（白方美樹）

國家圖書館出版品預行編目資料

24H紐約漫旅 / 朝日新聞出版編；沈
俊傑譯. -- 初版. -- 新北市：瑞昇文化,
2020.01
192面；14.8 X 19.3公分
譯自：New York guide 24H
ISBN 978-986-401-390-6(平裝)
1.旅遊 2.美國紐約市

752.71719　　　　　　　108020709

國內著作權保障，請勿翻印／如有破損或裝訂錯誤請寄回更換